Der Schutz des Kindes

gegen die Folgen eigener Handlungen

im

Bürgerlichen Gesetzbuch für das Deutsche Reich.

Von

Dr. Heinrich Dittenberger.

„The child is father of the man.“
Wordsworth, My heart leaps up.

Berlin 1903.
J. Guttentag, Verlagsbuchhandlung,
G. m. b. H.

Inhalt.

§ 1.

Einleitung.

Eine der bedeutsamsten und wichtigsten Aufgaben des Staates ist es, dem noch in der Entwickelung begriffenen jugendlichen Menschen einen besonderen Schutz angedeihen zu lassen, denn nur durch solche Fürsorge wird die für das Wohl des Staates in erster Linie notwendige gedeihliche Ausbildung des Individuums gewährleistet.[1]) Die im besonderen dem Schutze des Jugendlichen dienenden gesetzlichen Vorschriften scheiden sich ihrer Bestimmung nach in zwei besondere Kategorieen. Die eine von diesen bezweckt den Schutz des Jugendlichen gegen Nachteile, die ihm durch das Handeln eines Dritten entstehen könnten. Wie der körperlich Schwächere nicht fähig ist, dem Angriff eines Stärkeren mit Erfolg zu begegnen, so würde auch der geistig schwächere Jugendliche in einem wirtschaftlichen Kampfe mit dem stärkeren Erwachsenen unterliegen, wenn ihm nicht in besonderen gesetzlichen Vorschriften eine dem Starken versagte Waffe in die Hand gegeben würde. Die Bestimmungen, welche diesen Zweck verfolgen, sind nach der Umgrenzung des Themas von unserer Betrachtung ausgeschlossen. Den Gegenstand der nachfolgenden Ausführungen bildet vielmehr nur die zweite der erwähnten Kategorieen von Schutzvorschriften, welche der Tatsache Rechnung trägt, daß der Jugendliche auch durch eigenes Handeln sich selbst zu verletzen im-

---

[1]) Eine wesentliche Ergänzung des Schutzes des Jugendlichen bildet der Schutz der Leibesfrucht, die zwar als ungeborene Frucht noch nicht rechtsfähig ist, aber eines Schutzes um so mehr bedarf, als der Neugeborene in ganz besonders hohem Maße hilfsbedürftig erscheint und dem Staate selbst die Fürsorge für ihn in hohem Grade erleichtert werden kann dadurch, daß der dem rechtsfähigen Geborenen notwendige Schutz durch eine Fürsorge schon vor seiner Geburt vorbereitet wird. — Vgl. §§ 844 Abs. 2 Satz 2, 1912, 1923 Abs. 2, 2043 Abs. 1, 2108, 2178 BGB.

stande ist, da er infolge mangelnder Verstandesreife die Tragweite seiner Entschließungen nicht zu übersehen vermag.

In ganz besonders hohem Maße schutz- und hilfsbedürftig ist der Mensch in seinen ersten Lebensjahren, der Mensch im Kindesalter. Das Kind ist einerseits fast völlig wehrlos gegenüber feindlichen Angriffen dritter Personen und bedarf deshalb besonderer Behütung. Aber auch in der hier allein in Frage kommenden Beziehung, nämlich in Rücksicht auf die Möglichkeit eigenen Handelns, ist das Kind noch schlechter gestellt als der in einem späteren Stadium der Entwickelung stehende Jugendliche; während nämlich bei dem letzteren die durch eigenes Handeln herbeigeführte wirtschaftliche Schädigung seiner selbst zum großen Teile aufgewogen wird durch die gute Lehre, die für den falsch handelnden Jugendlichen in einer solchen Selbstverletzung gelegen ist, entfällt bei dem Kinde das erzieherische Moment um deswillen, weil das Kind von der Bedeutung des Kreises wirtschaftlicher Beziehungen, in dessen Mittelpunkt es steht, eine Vorstellung nicht hat.[1])

Auf die Frage nun, bis zu welchem Zeitpunkt diese höhere Schutzbedürftigkeit des Menschen andauert, kann eine Entscheidung nicht leicht getroffen werden, da das Tempo der allgemeinen Entwickelung bei den einzelnen Individuen sehr verschieden ist. Einen Anhaltspunkt in dieser Richtung gab von jeher nur die durch deutliche, sinnlich wahrnehmbare äußere Merkmale gekennzeichnete körperliche Entwickelung des Menschen. Der einzige sinnenfällige Abschnitt in dieser natürlichen Entwickelung wird durch den Eintritt der Geschlechtsreife[2]) gebildet und es war nur natürlich, daß der Gesetzgeber zunächst, wie im Römischen Recht, mit diesem Abschnitt wesentliche Änderungen in der Rechtsstellung des Individuums eintreten ließ. Mit Rücksicht auf die Tatsache aber, daß die Geschlechtsreife je nach der ererbten Anlage und der angeborenen Entwickelungsfähigkeit bei dem einen Menschen früher, bei dem anderen später eintritt, und in Anbetracht des Umstandes, daß die Feststellung dieser Entwickelungsstufe im einzelnen Falle außerordentlich schwierig und mit Unzuträglichkeiten aller Art verknüpft ist, sah sich der Gesetzgeber genötigt, ein für allemal einen Zeitpunkt zu fixieren, von welchem

[1]) Siehe unten § 2.

[2]) Vgl. hierzu: Stobbe, Handbuch des Deutschen Privatrechts, Bd. I § 40; Windscheid, Lehrbuch des Pandektenrechts, Bd. I § 54.

an das Individuum als geschlechtsreif behandelt wurde.[1]) Deshalb konnte auch die Bezeichnung des fraglichen Zeitpunktes als „Alter der Geschlechtsreife" — bei der durch mannigfache andere Rücksichten mit bestimmten Verschiebung des Zeitpunktes — zu der Bedeutung eines dem Wesen der Altersstufe nicht mehr gerecht werdenden, lediglich historisch entwickelten Terminus herabsinken.[2])

Bei der Festsetzung jenes Zeitpunktes der Pubertät war es nicht allzuschwer, durch die Berücksichtigung des durch die Erfahrung gelehrten Durchschnittsalters der Geschlechtsreife zu einem den tatsächlichen Verhältnissen gerecht werdenden Resultate zu gelangen und es zu vermeiden, daß sich jene Fiktion im Einzelfalle zu weit von der Wahrheit entfernte. In hohem Maße willkürlich aber mußte die Festsetzung weiterer rechtserheblicher Altersstufen erscheinen. Es war deshalb nur natürlich, daß man auch die Bestimmung einer besonderen, von dem Zeitpunkt der Geschlechtsreife verschiedenen Kindesaltersgrenze zunächst auf ein mehr äußerliches Moment bezog, wie es uns im älteren Römischen Recht entgegentritt. Auch dieses nämlich regelte, wie erwähnt, die rechtliche Stellung des Menschen ursprünglich lediglich nach dem bedeutsamsten Abschnitt seiner körperlichen Entwickelung, dem Zeitpunkt der Geschlechtsreife. Als dann später aus dieser einfachen Scheidung sich Unzuträglichkeiten ergaben und es insbesondere erforderlich erschien, auch den älteren „impuberes" eine gewisse, wenn auch beschränkte Handlungsfähigkeit zuzuerkennen,[3]) wählte das Römische Recht für die Bestimmung der Zeit gänzlicher Unfähigkeit zur Betätigung im Gebiete rechtlicher Beziehungen das Merkmal der Sprachunfähigkeit. Der „infans", d. h. „is qui fari non potest",[4]) ist unfähig, sich durch eigene Handlungen zu

---

[1]) Vgl. pr. J. I 22, wo die Festsetzung einer Altersstufe für die „pubertas" ausdrücklich damit begründet wird, daß die bis dahin übliche „inspectio habitudinis corporis" aus sittlichen Rücksichten beseitigt werden müsse. — Vgl. auch, für das Deutsche Recht, Gierke, Deutsches Privatrecht, Bd. I S. 382f.

[2]) Dies erhellt aus der im Laufe der modernen Entwickelung zu Tage tretenden Tendenz zur Hinausrückung des Ehemündigkeitsalters, welches ursprünglich mit dem Zeitpunkte der „pubertas" identisch war und sinngemäß mit ihm hätte identisch bleiben müssen. Vgl. Friedberg, Lehrbuch des Kirchenrechts, § 145.

[3]) Vgl. von Keller, Pandekten, Bd. I § 27.

[4]) Siehe l 1 § 2 D 26, 7. — Vgl. Regelsberger, Pandekten, Bd. I S. 255: „Sie (die infantes) stehen einerseits den Stummen nahe: quia fari non possunt, andererseits den Geisteskranken: quia nullum intellectum habent." Vgl.

berechtigen oder zu verpflichten. Solange also der Mensch seinen Gedanken nicht durch die Sprache Ausdruck zu verleihen vermag, wird seinen Lebensäußerungen — namentlich in seinem Interesse und zu seinem Schutze — rechtliche Bedeutung überhaupt nicht beigelegt. So ist auch das Schweigen des infans ohne Bedeutung, da er nicht reden kann, so ist bedeutungslos eine Gebärde des infans, da es ihm nicht möglich ist, einer falschen Interpretation dieser Gebärde entgegenzutreten. „Der Mangel des Sprechvermögens, wovon sie (die „infantes") ihren Namen haben, würde sie nur zu solchen Geschäften unfähig machen, welche mündliche Rede erheischen. Der Mangel der Einsicht entzieht ihnen jede Handlungsfähigkeit."[1])

Im Laufe der Zeit wurde dann dem Bedürfnis nach einer zweifelsfreien Umgrenzung des Kindesalters Rechnung getragen durch Festsetzung der Altersgrenze der Vollendung des siebenten Lebensjahres. Man stellte diese neue Altersstufe also her durch Halbierung der durchschnittlichen Dauer der Geschlechtsunreife bei Knaben. Ob jedoch hierauf allein die Entstehung dieser Kindesaltersgrenze zurückzuführen ist, erscheint nicht unzweifelhaft. Es stehen sich hier zwei Anschauungen gegenüber,[2]) nach deren einer es sich um eine in der angedeuteten Art selbständig entwickelte Altersstufe handelt, welche mit besonderen Eigentümlichkeiten neben die innerhalb ihrer liegende und mit eigener rechtlicher Bedeutung fortbestehende Zeit des „non fari posse" getreten ist, während von den Vertretern der anderen Anschauung angenommen wird, daß die Zeit bis zur Vollendung des siebenten Lebensjahres eben die Fixierung des Alters des „non fari posse", der noch nicht vollkommen ausgebildeten Sprachfähigkeit bedeute.

Die vollkommene Handlungsunfähigkeit des Kindes im Alter von weniger als sieben Jahren wurde aber im Römischen Recht in einer Richtung eingeschränkt dadurch, daß dem Kinde gestattet wurde, durch Tradition Besitz zu erwerben, — eine Bestimmung, welche das Prinzip durchbrach und lediglich aus Rücksichten der Billigkeit erwuchs.[3]) Diese Privilegierung des Kindes hinsichtlich der vorteilbringenden

---

ferner Thibaut, System des Pandektenrechts, Bd. I § 142, besonders aber Glück, Pandekten, Bd. 30 S. 432f., vornehmlich Anmerk. 46.

[1]) Siehe Regelsberger a. a. O.

[2]) Vgl. hierüber die ausführliche Darstellung bei Glück a. a. O.

[3]) Vgl. 132 § 2 D 41, 2: „. . . utilitatis enim causa hoc receptum est, nam alioquin nullus sensus est infantis accipiendi possessionem."

Besitzerwerbshandlung ergibt sich, wie wir sehen werden, auch für das Recht des Bürgerlichen Gesetzbuches. Gänzlich fremd waren jedoch dem Römischen Recht die Gedanken, welche das Bürgerliche Gesetzbuch in den Bestimmungen über die Haftung des Kindes aus unerlaubten Handlungen zum Ausdruck bringt.[1])

Wie das frühere Römische Recht, so kannte auch das ältere Deutsche Recht[2]) ursprünglich nur eine einzige für die Handlungsfähigkeit des Menschen bedeutsame Altersstufe. „Wer sie erreicht hatte, war zu seinen Jahren oder Tagen, zu den „bescheidenen", „vogtbaren" oder „mundbaren" Jahren gekommen."[3]) Auch im Deutschen Recht scheint dieser Eintritt der Mündigkeit in frühester Zeit nach dem äußeren Merkmale des Eintritts der Geschlechtsreife bestimmt worden zu sein, welche Annahme wesentlich unterstützt wird durch den Umstand, daß die seit der Zeit der Volksrechte anerkannten festen Mündigkeitstermine zwischen dem zehnten und dem sechzehnten Lebensjahre, also etwa den äußersten Grenzen des für den Eintritt der Geschlechtsreife in Betracht kommenden Alters liegen, sowie daß unter diesen verschiedenen Terminen der im Römischen Recht als Zeitpunkt des Alters der Geschlechtsreife bedeutsame Termin von zwölf Jahren die weiteste Verbreitung aufwies.[4]) Die Bedeutung des Termins der Mündigkeit war die, daß der Unmündige sich in einem Zustand mehr oder weniger vollkommener Handlungsunfähigkeit befand, im wesentlichen also dem infans des Römischen Rechtes gleichstand. Nicht unbedingt nötig war aber andererseits, daß derjenige, welcher das Mündigkeitsalter erreicht hatte, die volle Handlungsfähigkeit erlangte; vielmehr dauerten in der Regel wesentliche Beschränkungen der Handlungsfähigkeit auch nach Erlangung des Mündigkeitsalters noch fort, so daß die Mündigkeitstermine in den wichtigsten Beziehungen „nur

---

[1]) § 829 BGB. — Vgl. 1 5 § 2 D 9, 2: „Et ideo quaerimus, si furiosus damnum dederit, an legis Aquiliae actio sit? et Pegasus negavit: quae enim in eo culpa sit, cum suae mentis non sit? et hoc est verissimum. cessabit igitur Aquiliae actio, quemadmodum, si quadrupes damnum dederit, Aquilia cessat, aut si tegula ceciderit. sed et si infans damnum dederit, idem erit dicendum."

[2]) Vgl. hierzu namentlich Stobbe, Handbuch des Deutschen Privatrechts, Bd. I § 40.

[3]) Siehe Gierke, Deutsches Privatrecht, Bd. I S. 381.

[4]) Vgl. Gerber, System des Deutschen Privatrechts, § 35; Gierke a. a. O. S. 382 f.

früheste Grenzen des wirklichen Eintritts voller Fähigkeit" bedeuteten.[1])

Im weiteren Verlaufe der Entwickelung wurde die Grenze des Mündigkeitsalters vielfach nach oben hin verschoben, oder aber es wurde unter Beibehaltung des auf dem Zeitpunkt der Geschlechtsreife beruhenden Mündigkeitstermines ein weiterer über diesem liegender Termin der vollkommenen Altersreife eingeführt. Während aber der Einfluß der Rezeption auf die Gestaltung der rechtlichen Bedeutung der Mündigkeit sehr umstritten ist,[2]) besteht kein Zweifel über die Aufnahme des römischrechtlichen Termins der Vollendung des siebenten Lebensjahres als des Zeitpunkts des Überganges von der prinzipiell völligen Handlungsunfähigkeit zur beschränkten Handlungsfähigkeit.

Auch das Allgemeine Landrecht für die Preußischen Staaten[3]) verstand, wie das Römische und das Gemeine Recht, unter Kindern „diejenigen, welche das siebente Jahr noch nicht zurückgelegt haben."[4]) Durch § 1 des preußischen Gesetzes vom 12. Juli 1875 — betreffend die Geschäftsfähigkeit Minderjähriger und die Aufhebung der Wiedereinsetzung in den vorigen Stand wegen Minderjährigkeit — wurde bestimmt: „Minderjährige, welche das siebente Lebensjahr noch nicht vollendet haben, sind zur Vornahme von Rechtsgeschäften nicht fähig."

Diese Bestimmung galt, da das Gesetz für den ganzen Umfang der Monarchie erlassen war, auch in den gemeinrechtlichen Gebieten Preußens, doch war dies insofern nicht von Bedeutung, als einerseits auch im Gemeinen Recht die völlige Geschäftsunfähigkeit des noch nicht

---

[1]) Der Mündige konnte, führt Gierke a. a. O. weiter aus, „nach wie vor einer fremden Munt unterworfen und hierdurch in seiner Handlungsfähigkeit beschränkt sein. Denn er war zwar der Munt über andere und darum auch über sich selbst fähig, besaß aber keineswegs notwendig diese als „Selbmündigkeit" bezeichnete volle Herrschaft über sich selbst. Vielmehr fiel, da die väterliche Munt über Söhne erst mit deren Ausscheiden aus der Hausgemeinschaft endete, nur für vaterlose Knaben regelmäßig Mündigkeit und Selbmündigkeit zusammen. Weiber aber wurden überhaupt niemals selbmündig, so daß für sie die Erlangung der Altersreife stets nur eine beschränktere Bedeutung hatte." — Diese Beschränkungen haben mit der allgemeinen Altersentwickelung des Jugendlichen an sich nichts zu tun, beruhen vielmehr lediglich auf den besonderen Familiengewaltverhältnissen.

[2]) Vgl. namentlich Windscheid, Pandekten, Bd. I § 71, welcher die unbedingte Geltung des Römischen Rechts befürwortet.

[3]) Vgl. hierzu insbesondere Förster-Eccius, Preußisches Privatrecht, Bd. I §§ 26, 27.

[4]) § 25 ALR. I, 1.

siebenjährigen Kindes anerkannt war, andererseits aber die erwähnte einzige Ausnahme von diesem Grundsatze, nämlich die Fähigkeit des Kindes zum Besitzerwerb durch Tradition, durch die angeführte Bestimmung nicht berührt wurde, weil nach der herrschenden Lehre des Gemeinen Rechts diese Erwerbshandlung sich nicht als Rechtsgeschäft qualifizierte.

Im Geltungsgebiete des Allgemeinen Landrechts war dies anders:[1]) hier war der Besitzerwerb ein Rechtsgeschäft, d. h. der Besitz konnte nur durch Willenserklärung erworben werden.[2]) Nach § 1 des Gesetzes vom 12. Juli 1875 war also in den landrechtlichen Gebieten Preußens der Minderjährige im Alter von weniger als sieben Jahren schlechthin unfähig, Besitz zu erwerben. Eine gewisse Milderung dieser Folge wurde zu Gunsten des Kindes herbeigeführt dadurch, daß jedem Dritten gestattet war, für das Kind Schenkungen zu erwerben.[3])

In wesentlicher Abweichung vom Römischen und Gemeinen Recht bestimmte das Allgemeine Landrecht ferner, daß auch das Kind für den aus Vorsatz oder Versehen einem anderen zugefügten Schaden haften solle.[4]) Besondere Voraussetzung dieser Schadensersatzpflicht des Kindes war, daß der Beschädigte den Ersatz nicht aus dem Vermögen der Aufseher oder der Eltern erhalten konnte.[5]) Eine quantitative Beschränkung der Haftung kam darin zum Ausdruck, daß das Kind nur zum Ersatze des „unmittelbaren", d. h. des „durch eine Handlung oder Unterlassung unmittelbar und zunächst bewirkten" Schadens verpflichtet war,[6]) sowie daß es nur so weit haftete, als ihm dadurch nicht der nötige Unterhalt und die Mittel zu einer standesmäßigen Er-

[1]) Vgl. hierzu Dernburg, Preußisches Privatrecht, Bd. I § 119.

[2]) §§ 43 f. ALR. I, 7: „§ 43: Niemand kann ohne oder wider seinen Willen wirklicher Besitzer einer Sache werden, wenngleich dieselbe in seinem Gewahrsam sich befindet. § 44: Soweit also jemand seinen Willen zu erklären unfähig ist, soweit kann er durch sich selbst keinen Besitz erlangen."

[3]) § 1060 ALR. I, 11: „Wenn der Beschenkte wegen Kindheit . . . die Absicht, das Geschenk anzunehmen, nicht äußern kann, so kann ein jeder Dritter dasselbe zu seinem Besten acceptieren."

[4]) §§ 41 ff. ALR. I, 6.

[5]) §§ 42, 57 a. a. O. — Vgl. § 829 BGB., §§ 1309 f. österr. BGB.

[6]) Zur „vollständigen Genugtuung" gehörte dagegen „der Ersatz des gesamten Schadens und des entgangenen Gewinnes" (§ 7 a. a. O.); zum Ersatze des letzteren konnte also das Kind — und ebenso der Wahn- und Blödsinnige — unter keinen Umständen verpflichtet sein.

ziehung entzogen wurden.[1]) Die Haftung fiel endlich überhaupt weg, wenn der Beschädigte das Kind durch sein eigenes, auch nur geringes Versehen zu der schädigenden Handlung veranlaßt hatte.[2])

Im Gegensatz zu den übrigen neueren Kodifikationen nimmt der Code civil[3]) von einer bestimmten Abgrenzung des Alters gänzlicher Handlungsunfähigkeit Abstand. Infolgedessen haben an sich die Vorschriften über die Stellung der Minderjährigen, d. h. derjenigen, welche das einundzwanzigste Lebensjahr noch nicht vollendet haben,[4]) Bedeutung für alle unterhalb dieser Grenze liegenden Altersstufen, es sei denn, daß die Willensunfähigkeit des Minderjährigen nachgewiesen werde.[5]) Der Richter hat nach freiem Ermessen zu entscheiden, ob der Minderjährige gänzlich willensunfähig ist und deshalb seine Handlungen als nichtig zu betrachten sind.[6]) Es folgt hieraus einerseits, daß nach dem Französischen Recht auch Minderjährige im Alter von mehr als sieben Jahren gänzlich handlungsunfähig erscheinen können, sowie andererseits, daß auch den Handlungen des Kindes im Alter von weniger als sieben Jahren unter Umständen rechtliche Bedeutsamkeit beigemessen werden muß.[7]) Ist dies letztere der Fall, so gilt auch das Kind, wie die älteren Minderjährigen, als in gewisser Beziehung handlungsfähig und insbesondere an seine Ver-

[1]) § 43 a. a. O.

[2]) § 44 a. a. O. Ebenso § 1308 österr. BGB. — Die Bestimmungen der §§ 41 ff. a. a. O. lassen eine beschränkte Haftung des Kindes aus Billigkeitsrücksichten eintreten, gehen aber in ihrer kasuistischen Natur nicht so weit, wie die allgemeine, dem richterlichen Ermessen weiten Spielraum gönnende Bestimmung des § 829 BGB. Bemerkenswert ist namentlich, daß das Allgemeine Landrecht eine Berücksichtigung der Vermögenslage des Geschädigten nicht zuläßt. — Vgl. Förster-Eccius, Preußisches Privatrecht, Bd. I § 27.

[3]) Vgl. hierzu Zachariae-Crome, Handbuch des Französischen Civilrechts, Bd. I § 48.

[4]) Art. 388 C. c. — Vgl. Zachariae-Crome, Französisches Civilrecht, Bd. I S. 355 f.

[5]) Vgl. Förtsch, Der Code civil und das BGB., S. 160 f.

[6]) Auf diesem Standpunkt steht auch das schweizerische Gesetz, betr. die persönliche Handlungsfähigkeit, vom 22. Juni 1881. Unter Berufung auf dieses und den Code civil forderte man mehrfach die Beseitigung der Kindesaltersgrenze im Bürgerlichen Gesetzbuch. Vgl. Motive, Bd. I S. 51 und Protokolle, Bd. I S. 47 f. — Siehe auch unten § 2.

[7]) Auch das Französische Recht versteht unter Rechtsgeschäften die „Willenserklärungen von Privaten, welche auf Herbeiführung von Rechtswirkungen gerichtet sind." Vgl. Zachariae-Crome, Französisches Civilrecht, Bd. I S. 328.

träge gebunden; ist aber ein Vertrag ohne Mitwirkung des autorisierten Vertreters geschlossen und enthält der Vertrag gleichzeitig eine Verletzung des Kindes, so steht diesem das Recht zur Anfechtung zu.[1])

Der Regelung der Handlungsfähigkeit auf rechtsgeschäftlichem Gebiete entspricht die Stellung des Französischen Rechts zur Frage der Deliktsfähigkeit. Auch hierfür gibt der Code civil keine Altersgrenze, vielmehr prüft der Richter „im einzelnen Falle, ob der jugendliche Täter Unterscheidungsvermögen hatte",[2]) und entscheidet danach, ob eine Schadensersatzpflicht des Jugendlichen, also auch des Kindes, besteht oder nicht.

Nach dem Österreichischen Allgemeinen Bürgerlichen Gesetzbuch sind „Kinder, die das siebente Jahr ihres Lebens noch nicht zurückgelegt haben",[3]) unfähig, „ein Versprechen zu machen oder es anzunehmen."[4]) „In diesem Alter ist die geistige Fähigkeit des Menschen, insoweit sie zur Vornahme von juristischen Handlungen erforderlich ist, noch ganz unentwickelt: es ist die Periode des unausgebildeten Willensvermögens, der vollkommenen Handlungsunfähigkeit."[5]) Ebenso ist das Kind nicht fähig, selbständig, d. h. ohne Mitwirkung eines autorisierten Vertreters, Besitz zu erwerben.[6])

Für einen von ihm angerichteten Schaden haftet das Kind nur für den Fall, daß der Beschädigte einen Ersatz nicht erhalten kann „von denjenigen Personen, denen der Schade wegen Vernachlässigung der ihnen über solche Personen anvertrauten Obsorge beigemessen werden kann."[7]) Diese Bestimmung entspricht also den Vorschriften des Preußischen Allgemeinen Landrechts und des Deutschen Bürger-

---

[1]) Art. 1305 bis 1314 C. c. — Vgl. Zachariae-Crome, Französisches Civilrecht, Bd. I § 129.

[2]) Vgl. Förtsch, a. a. O. S. 217.

[3]) § 21 österr. BGB.

[4]) § 865 österr BGB.

[5]) Vgl. Unger, Österreichisches Privatrecht, Bd. I S. 282 f.

[6]) Siehe § 310 österr. BGB.: „Personen, die den Gebrauch der Vernunft nicht haben, sind an sich unfähig, einen Besitz zu erlangen. Sie werden durch einen Vormund oder Kurator vertreten. Unmündige, welche die Jahre der Kindheit zurückgelegt haben, können für sich allein eine Sache in Besitz nehmen."

[7]) §§ 1308 ff. österr. BGB. — Hat der Beschädigte selbst durch irgend ein Verschulden Veranlassung zu der Beschädigung gegeben, so entfällt jede Ersatzpflicht des Kindes sowohl als des Aufsichtspflichtigen. § 1308 österr. BGB. Ebenso § 44 ALR. I, 6.

lichen Gesetzbuches.[1]) Wird auf diese Weise eine Schadensersatzpflicht des Kindes an sich festgestellt, so soll der Richter — wie auch nach dem Deutschen Bürgerlichen Gesetzbuche — „mit Rücksicht auf das Vermögen des Beschädigers und des Beschädigten, auf den ganzen Ersatz, oder doch einen billigen Teil desselben erkennen.“[2]) Das gleiche gilt, wenn dazu führt die „Erwägung des Umstandes, ob dem Beschädiger, ungeachtet er gewöhnlich seines Verstandes nicht mächtig ist, in dem bestimmten Falle nicht dennoch ein Verschulden zur Last liege, oder ob der Beschädigte aus Schonung des Beschädigers die Verteidigung unterlassen habe.“ Hiernach soll also trotz der an sich anerkannten Schuldunfähigkeit des Kindes dem Richter gestattet sein, dem Kinde seine Handlung zuzurechnen;[3]) es bedeutet dies eine Abschwächung der fiktiven Kraft der Kindesaltersgrenze und damit eine Annäherung an den oben erwähnten Standpunkt des Französischen und des Schweizerischen Rechts.

Auch das Bürgerliche Gesetzbuch für das Königreich Sachsen begrenzte das Kindesalter durch den Zeitpunkt der Vollendung des siebenten Lebensjahres.[4]) Das Kind war, weil gänzlich willensunfähig, völlig handlungsunfähig, und zwar ließ das Sächsische Recht, im Gegensatz zu den bisher behandelten Kodifikationen, keine Durchbrechung dieses Grundsatzes zu, weder in der Richtung der Ermöglichung eines Erwerbs seitens des Kindes[5]) — denn selbst durch Schenkung Besitz zu erwerben, war das Kind unfähig —, noch auch durch Zulassung einer Schadenshaftung aus unerlaubten Handlungen des Kindes.[6])

---

[1]) Vgl. §§ 42, 57 ALR. I, 6 und § 829 BGB.

[2]) § 1310 österr. BGB. Vgl. § 829 BGB. — Nicht so weit ging, wie wir sahen, § 43 ALR. I, 6.

[3]) Cum grano salis ist deshalb zu verstehen die Behauptung von Unger, Österreichisches Allgemeines Privatrecht, Bd. I S. 283 Anmerk. 3: der § 1310 mache keine Ausnahme von der Regel der vollkommenen Handlungsunfähigkeit des Kindes.

[4]) § 47 sächs. BGB.

[5]) Vgl. §§ 81, 89, 193, 786, 2545 sächs. BGB. — Siehe auch Grützmann, Lehrbuch des Königlich Sächsischen Privatrechts, Bd. I §§ 19, 67.

[6]) Siehe § 119 sächs. BGB.: „Handlungsunfähigen Personen kann eine Verschuldung nicht zur Last gelegt werden.“

Erster Abschnitt.

Die Geschäftsunfähigkeit des Kindes.

§ 2.

I. Allgemeines.

I. Das Bürgerliche Gesetzbuch für das Deutsche Reich hat an der Kindesaltersgrenze des Gemeinen Rechts und der Mehrzahl der neueren Kodifikationen festgehalten. Die Vollendung des siebenten Lebensjahres bewirkt den Übergang des Minderjährigen von der gänzlichen Geschäftsunfähigkeit zu der beschränkten Geschäftsfähigkeit. Dieser Übergangspunkt ist nicht von der Bedeutung, wie der Zeitpunkt der Volljährigkeit, erscheint aber dennoch schärfer und einschneidender deshalb, weil er schlechthin feststeht und nicht, was in jenem Falle die Volljährigkeitserklärung ermöglicht, verschoben werden kann. Man hat die Ermöglichung einer solchen Verschiebung schon mit Rücksicht auf die geringere Bedeutung dieser Altersstufe für entbehrlich erachtet, obwohl für die Willkürlichkeit ihrer Festsetzung dasselbe gilt, was oben allgemein ausgeführt wurde.[1])

Man bezeichnet gemeinhin den Minderjährigen, der das siebente Lebensjahr nicht vollendet hat, als „Kind", und dieser Ausdruck soll auch hier, wo Mißverständnisse ausgeschlossen sein dürften, festgehalten werden, obwohl das Bürgerliche Gesetzbuch ihn nur in Beziehung zum Eltern- und Kindesverhältnis gebraucht.[2]) Der erste Entwurf

---

[1]) Über die durch diese Festsetzung nicht ausgeschlossene Berücksichtigung der „natürlichen Willensfähigkeit" und die daraus folgende verschiedene rechtliche Behandlung der Kinder je nach dem Grade ihrer natürlichen Entwickelung vgl. unten § 4, II.

[2]) Vgl. auch § 40 I 1 ALR. — „Die hergebrachte Verwendung des Wortes zur Verdeutschung des infans scheint mir dadurch nicht geradezu verboten zu sein," bemerkt in dem obigen Sinne Leonhard, Allg. Teil. S. 87 Anmerk. 2.

bezeichnete die Minderjährigen im Alter von weniger als sieben Jahren als „Personen, welche im Kindesalter stehen",[1]) — ein Terminus, dessen Schwerfälligkeit uns seine Eliminierung aus dem Gesetzbuche nicht beklagenswert erscheinen lassen dürfte.

Durch die mehrfach betonte Willkürlichkeit einer jeden rechtserheblichen Altersstufe wurde die Kommission für die zweite Lesung bewogen, von einer anderen Abgrenzung des Kindesalters abzusehen.[2]) Sie stellte sich gegenüber einem Antrag auf Erstreckung des Kindesalters bis zur Vollendung des zwölften Lebensjahres auf den Standpunkt, daß eine Abänderung der bestehenden Bestimmungen nur durch den Nachweis der Unzweckmäßigkeit des geltenden Rechts begründet werden könne, und „daß es zweckmäßig erscheine, mit Rücksicht darauf, daß eine jede Altersgrenze willkürlich sei, bei dem bestehenden Recht zu verbleiben. Wenn im Strafrechte die Strafmündigkeit mit dem zwölften Lebensjahr beginne, so seien dort ganz andere Gesichtspunkte maßgebend."[3])

II. Die allgemeine Schwäche der Kinder im Alter von weniger als sieben Jahren ist außerordentlich groß; sie befinden sich noch in den ersten Stadien der körperlichen und geistigen Entwickelung. Wollte man den Äußerungen ihres Intellekts überhaupt rechtliche Bedeutsamkeit zusprechen, so würde man von dem obersten Grundsatze des Privatrechts, daß im allgemeinen Rechtsänderungen eintreten sollen nur auf Grund des Wollens eines Rechtssubjekts, abgehen müssen, denn ein Kind kann eine Rechtsänderung nicht wollen, es kann nicht „wollen" im rechtlichen Sinne, weil es nicht weiß, was dieses Wollen bedeutet.[4]) Wenn z. B. ein Kind einen Straßenbahnwagen besteigt, so will es nur „fahren", d. h. es will den tatsächlichen Zustand der Fortbewegung vermittelst dieses Wagens herstellen. Ein Mensch, der weiter entwickelt ist, will viel mehr: er will — wenn ihm das

---

[1]) Vgl. Motive, Bd. I S. 53.

[2]) Vgl. Protokolle, Bd. I S. 49, sowie die von den Motiven a. a. O. gegebene Übersicht über den Standpunkt des bisher geltenden Rechts. — Siehe auch Endemann, Lehrbuch, Bd. I S. 136 Anm. 2.

[3]) Siehe darüber auch unten § 5.

[4]) Ähnlich sagen die Motive, Bd. I S. 129: „Geschäftsunfähig sind Personen, welche im Kindesalter stehen (§ 25). Solchen Personen geht der Regel nach die erforderliche Willenskraft und jedenfalls das erforderliche Erkenntnisvermögen ab."

auch nicht in jedem Augenblick deutlich zum Bewußtsein kommt — sich befördern lassen und durch die Übernahme der Verpflichtung zur Zahlung des Fahrpreises ein Recht auf die Beförderung erwerben; nimmt man aber an, daß der betreffende eine Fahrgeldhinterziehung beabsichtigt, so will er neben der Herstellung des Zustandes der Beförderung außerdem noch die Nichterfüllung einer rechtlichen Verpflichtung, also mehr als das Kind, welches von der Existenz dieser Verpflichtung überhaupt keine Vorstellung hat. Ebenso wird man finden, daß z. B. der Begriff des „Schenkens" bei Kindern nur die tatsächliche Hingabe des Gegenstandes an einen anderen umfaßt, und daß es ihrer Meinung nach ganz in ihrem Belieben liegt, ob sie den geschaffenen Zustand andauern lassen wollen oder nicht.[1])

Wenn man hiernach feststellt, daß das Kind einen rechtlichen Erfolg nicht wollen kann,[2]) so kann das, was es „will" und zu wollen erklärt, auch nicht rechtlich bedeutsam sein, sobald diese Bedeutung davon abhängt, daß ein rechtlicher Erfolg gewollt ist. Die Abgabe einer Erklärung kann natürlich auch das Kind wollen, aber das genügt noch nicht; neben das Wollen der Erklärungshandlung muß das Wollen des Erklärungsinhalts, neben den Handlungswillen der Erfolgswille treten,[3]) und da dieser Erfolgswille bei einem Rechtsgeschäft stets den rechtlichen Erfolg, nicht den nur tatsächlichen des Verlaufs der Handlung umfassen muß, kann das Kind den Erfolgswillen nicht haben.[4])

---

[1]) Die Empfindung für die in der Schenkung liegende Rechtsänderung entwickelt sich erst später; ich erinnere mich, daß diese Erkenntnis in dem Satze: „Was geschenkt ist, bleibt geschenkt" zum Ausdruck kam.

[2]) Es ist das natürlich nur für gewöhnlich und normalerweise der Fall; daß manches weit entwickelte Kind auch schon vor Vollendung des siebenten Lebensjahres diese Fähigkeit erworben haben kann, ist nicht zu bezweifeln.

[3]) Vgl. Zitelmann, Irrtum und Rechtsgeschäft; Leonhard, Allg. Teil, S. 456.

[4]) Siehe Manigk, Das Anwendungsgebiet der Vorschriften für die Rechtsgeschäfte, S. 58: „Bei den Rechtsgeschäften richtet sich die Absicht (= der Erfolgswille) stets auf einen rechtlichen Erfolg." Manigk sagt allerdings ferner S. 80 f.: „Der Handelnde muß durch den Inhalt seiner Absicht lediglich den Tatbestand eines Rechtsgeschäfts unzweideutig konkretisiert haben. Es ist nicht nötig, daß gerade die Rechtswirkungen beabsichtigt sind. Es genügt vielmehr, wenn nur die wirtschaftlichen Folgen einer Rechtswirkung gewollt sind." Dann heißt es aber weiter: es „müssen aber die wirtschaftlichen Folgen stets als auf dem Boden des Rechts eintretend gewollt sein." Als Beispiel führt Manigk an: beim Eigentums-

Die Nichtigkeit der Willenserklärungen des Kindes beruht also im Grunde auf einem Willensmangel genau ebenso, wie z. B. die Nichtigkeit einer Willenserklärung, die im Zustande der Bewußtlosigkeit abgegeben ist, oder diejenige einer Erklärung, bei deren Abgabe der Erklärende sich im Irrtum über die Bedeutung der Erklärung befand. In der Berücksichtigung dieses Willensmangels erschöpfen sich auch die Beziehungen des Kindes hinsichtlich der Vornahme von Rechtsgeschäften.[1])

Was nun den im Vorstehenden bereits vorausgesetzten Begriff des Rechtsgeschäfts anlangt, so ist dies derjenige, welchen die Motive[2]) im Anschluß an die gemeinrechtliche Lehre[3]) dahin charakterisieren: „Rechtsgeschäft ... ist eine Privatwillenserklärung, gerichtet auf die Hervorbringung eines rechtlichen Erfolges, welcher nach der Rechtsordnung deswegen eintritt, weil er gewollt ist.“ Den Standpunkt derer, welche diese Definition der Motive übernommen haben, bezeichnet Leonhard[4]) als die herrschende Ansicht. Immerhin hat diese Anschauung neuerdings erhebliche Anfechtungen erfahren, und zwar in dem Sinne, daß die Identifizierung von Rechtsgeschäft und Willenserklärung für verfehlt erklärt wurde. Diese Anschauung ist von wesentlicher und grundlegender Bedeutung namentlich für die Abgrenzung der Rechtsgeschäfte nach den Rechtshandlungen hin, weshalb sie bei der Besprechung der letzteren einer eingehenden Würdigung unterzogen

---

übergang muß nur gewollt sein, daß der Erwerber die Sache „für sich allein haben“ soll; dieses „für sich allein haben“ muß aber „als ein rechtlich gewährleistetes und geschütztes erstrebt werden.“ Ich sollte meinen, daß gerade diese rechtliche Gewährleistung und dieser rechtliche Schutz nicht wirtschaftliche, sondern rechtliche Erfolge seien. Vgl. Matthiaß, Lehrbuch des Bürgerlichen Rechts, Bd. I S. 151: „Die Parteiabsicht muß auf den Rechtseffekt gerichtet sein und sich in der Handlung kundtun. Es genügt nicht, daß der Handelnde sich den Erfolg lediglich in seiner wirtschaftlichen Bedeutung ... vorstellte. Die Partei muß die Folge als eine Folge Rechtens wissen und wollen.“

[1]) Vgl. Windscheid, Pandekten, Bd. I S. 174 Anmerk. 6: Das Recht erkennt bei den Kindern „einen Willen überhaupt nicht an; deswegen kann auch durch Mitwirkung des Vormundes eine Willenserklärung derselben nicht hervorgebracht werden.“

[2]) Siehe Bd. I S. 126.

[3]) Siehe z. B. Windscheid a. a. O. S. 165, welcher dort die Rechtsgeschäfte definiert als Privatwillenserklärungen, gerichtet auf die Entstehung, den Untergang und die Veränderung von Rechten.

[4]) Allg. Teil, S. 255. Anm. 1.

werden muß. Vorläufig interessiert dieser Streit der Meinungen insofern noch nicht, als keine der aufgestellten Theorieen das Erfordernis des „Erfolgswillens" im Tatbestande des Rechtsgeschäfts bestreitet, es sich vielmehr lediglich um die Frage der Erklärung dieses Willens handelt. Vorweg sei nur bemerkt, daß der Streit im wesentlichen nur terminologisch ist und soviel wie gar keine praktische Bedeutung hat.[1])

III. Nach § 104 BGB. ist der Minderjährige, der das siebente Lebensjahr nicht vollendet hat, geschäftsunfähig, und nur diese Geschäftsunfähigkeit[2]) interessiert hier zunächst, da es sich vorläufig um den Schutz des Kindes gegen die Folgen seiner Betätigung auf rechtsgeschäftlichem Gebiete handelt. Den Inhalt der Geschäftsunfähigkeit setzt § 105 BGB. aus den erwogenen Rücksichten fest in der Bestimmung:

„Die Willenserklärung eines Geschäftsunfähigen ist nichtig."

Diese Bestimmung umfaßt alle Willenserklärungen ohne Rücksicht auf die durch sie herbeigeführte Beeinflussung des Rechtsgüterstandes des Erklärenden, insbesondere namentlich auch reine Erwerbsgeschäfte, die dem Erklärenden lediglich Vorteil bringen. Diesen Standpunkt nahm schon der erste Entwurf ein.[3])

In den verschiedenen Stadien der gesetzgeberischen Vorarbeiten zum Gesetzbuch hat gerade die Frage der Rechtsstellung des Kindes zu den erheblichsten Differenzen Anlaß gegeben. Ein in der Kommission für die zweite Lesung gestellter Antrag[4]) wollte die Zwischenstufe des Kindesalters überhaupt in Wegfall kommen lassen und die Vollendung des einundzwanzigsten Lebensjahres als einzige für die

---

[1]) Siehe unten § 4.

[2]) Vgl. über den Begriff der Geschäftsfähigkeit z. B. Endemann, Lehrbuch, Bd. I S. 125 ff.: Geschäftsfähigkeit ist die „Fähigkeit, bei den rechtsgeschäftlichen Vorgängen als selbständig handelndes Rechtssubjekt mitzuwirken, entweder durch Abgabe, oder durch Empfangnahme von rechtswirksamen Willenserklärungen." — Über die sogenannte Deliktsunfähigkeit der Kinder vgl. § 5.

[3]) § 64 Abs. 3 des Entwurfs. — Vgl. Motive, Bd. I S. 130: „Willenserklärungen geschäftsunfähiger Personen sind nichtig ... Insbesondere gilt dies auch von einer auf die Annahme einer Schenkung gerichteten Willenserklärung. Die Regel in der letzteren Hinsicht zu durchbrechen, ist kein Bedürfnis; die Annahme der einem Geschäftsunfähigen zugedachten Schenkung kann nicht bloß durch den gesetzlichen Vertreter, sondern auch durch einen Dritten im Wege der Geschäftsführung ohne Auftrag (§§ 123, 124) erfolgen."

[4]) Vgl. Protokolle, Bd. I S. 46 ff.

Rechtsstellung des Jugendlichen wesentliche Altersstufe betrachten in der Art, daß verlangt wurde, die Materie zu erschöpfen in der Bestimmung: „Die Mündigkeit[1]) tritt mit der Vollendung des einundzwanzigsten Lebensjahres ein." Von diesem Antrage, der auch in der Reichstagskommission wiederholt wurde, soll später ausführlich gesprochen werden.

Zunächst wurde in der Kommission des Reichstags[2]) der Versuch gemacht, dem Geschäftsunfähigen eine freiere Stellung dadurch zu sichern, daß man die Gültigkeit von ihm vorgenommener reiner Erwerbsgeschäfte festsetzte. Man begründete diesen Antrag mit der Berufung auf das gesunde Rechtsgefühl: „Wenn beispielsweise, wie das gar nicht selten sei, eine Mutter oder Großmutter kurz vor ihrem Tode ihre Schmucksachen unter die Kinder oder Enkel verteile, so sei es unerträglich, wenn diese Geschenke an die Kinder über 7 Jahre gültig, unter 7 Jahren dagegen ungültig seien und nach dem Tode der Schenkerin von den Vormündern pflichtmäßigst auch tatsächlich als ungültig behandelt werden müßten; oder wenn jemand einem den Sinn der Schenkung völlig verstehenden aber entmündigten Geisteskranken eine Summe geschenkt habe, so erscheine es mit Sitte und Anstand nicht vereinbar, wenn nach dem Tode des Schenkers dessen Erben die Schenkung wegen Nichtigkeit zurückfordern würden. Was aber dem Anstands- und Rechtsgefühl widerstreite, dürfe auch im Gesetzbuch nicht festgestellt werden." Diesen Ausführungen der Antragsteller gegenüber wurde auf die große Seltenheit derartiger Fälle Bezug genommen, sowie auf die oben bereits erörterte Schwierigkeit der Feststellung des Vorhandenseins genügender geistiger Reife im einzelnen Falle. Die Gegner der Anträge wiesen außerdem auch mit Recht darauf hin, daß ja nach den Bestimmungen des Entwurfes auch der Geschäftsunfähige Besitz zu erwerben imstande sei,[3]) und ihm schon durch die Bestimmungen über Besitzesschutz genügende

[1]) Gegenüber dem Antrage auf Verwendung der Ausdrücke „Mündigkeit" und „Unmündigkeit" erwog die Kommission, „daß die Gegenüberstellung von Minderjährigkeit und Volljährigkeit (bezw. Großjährigkeit) dem Sprachgebrauche der Reichsgesetze entspreche, daß dagegen der Ausdruck „Mündigkeit" in einzelnen Teilen Deutschlands nicht gebräuchlich sei, in anderen eine abweichende Bedeutung habe." Vgl. Protokolle a. a. O. S. 49.

[2]) Vgl. Bericht, S. 24.

[3]) Dies ist auch der Standpunkt des Gesetzes, der unten näher zu besprechen sein wird. Siehe § 6.

Machtmittel zur Verfügung gestellt seien.[1]) Die Reichstagskommission lehnte die gestellten Anträge ab, und zwar handelte sie darin nur konsequent. Wenn man sich vergegenwärtigt, daß die Nichtigkeit der Willensäußerungen des Kindes auf dem Mangel des Willens beruht, so darf man auch keine Ausnahme konstatieren für einen einzelnen Fall von Willenserklärungen; ebensowenig, wie das Kind einen Verpflichtungs- oder Veräußerungswillen haben kann, ebensowenig kann es auch erwerben wollen: es kann nur „weggeben" wollen und es kann nur „haben" wollen. Gegen die beantragte Festsetzung der Erwerbsfähigkeit der Kinder unter sieben Jahren sprechen auch eindringlich die erwähnten praktischen Rücksichten.

Konsequenter und vom formaljuristischen Standpunkt eher zu diskutieren ist der bereits erwähnte, sowohl in der Kommission für die zweite Lesung,[2]) als auch wiederholt in der Reichstagskommission[3]) gestellte Antrag, welcher die Altersgrenze der Vollendung des siebenten Lebensjahres überhaupt nicht als rechtlich erheblich anerkannt wissen will. Die durch diese Bestimmung bewirkte Beseitigung einer rechtserheblichen Altersstufe würde wegen der einer solchen stets zu Grunde liegenden Fiktion und deren Mängeln manches für sich haben.

---

[1]) Diesen Argumenten wurde von anderer Seite folgendes entgegengehalten: „Wenn der § 101, wie im Entwurf geschehe, dem entmündigten Geisteskranken oder dem Kinde die Geschäftsfähigkeit völlig entziehe, so entstehe der Zweifel, ob nicht aus diesem Grunde dem Geisteskranken oder dem Kinde auch die Fähigkeit, in eigener Person Besitz, d. h. die ‚tatsächliche Gewalt' (vgl. § 838) zu erlangen, abgesprochen werden müsse. Geschähe dies, so sei in den in Betracht kommenden Fällen das Kind oder der Geisteskranke vollkommen schutzlos." Das ist offenbar nicht richtig, denn, wie oben erläutert, enthält die Verneinung der Geschäftsfähigkeit nur die Konstatierung der Unfähigkeit zu rechtsgeschäftlichen Willenserklärungen, und eine solche ist nicht Voraussetzung des Besitzerwerbs.

[2]) Vgl Protokolle, Bd. I S. 46.

[3]) Vgl. Bericht, S. 23 ff. — Der in der ersten Lesung zunächst gestellte, bereits besprochene Antrag verlangte zu § 101 der Vorlage (= § 105 des Gesetzes) als besonderen Absatz: „Eine Willenserklärung, durch welche der Geschäftsunfähige lediglich einen rechtlichen Vorteil erlangt, ist gültig, sofern er die erforderliche Einsicht hatte" Erst in der zweiten Lesung folgte dann der weitergehende, mit dem Antrage in der Kommission für die zweite Lesung sachlich übereinstimmende Antrag, in § 100 der Vorlage (= § 104 des Gesetzes) und in § 102 der Vorlage (= § 107 des Gesetzes) die Erwähnung desjenigen, „der das siebente Lebensjahr vollendet" oder „nicht vollendet" hat, zu streichen. — Ein weiterer, aber hier nicht interessierender Unterschied zwischen den beiden Anträgen ist der, daß ersterer sich auf sämtliche Geschäftsunfähige, letzterer nur auf die Kinder bezieht.

Der Antrag wurde von drei verschiedenen Seiten äußerlich im wesentlichen gleichlautend, aber dreimal in verschiedenem Sinne und demgemäß mit verschiedener Begründung gestellt. Es fanden sich folgende Anschauungen:

a) Es soll dem Kinde, wie den übrigen Minderjährigen und nach Maßgabe der für diese geltenden Vorschriften,[1]) die Vornahme von Rechtsgeschäften gestattet sein, soweit seine Reife ihm eine solche tatsächlich möglich macht, d. h. soweit das Kind in dem gerade vorliegenden Falle der Vornahme eines Rechtsgeschäfts rechtlichen Willen besessen hat, welche Tatsache in jedem einzelnen Falle festzustellen ist (Protokolle Bd. I S. 47).

b) Es soll dem Kinde, wie den übrigen Minderjährigen und nach Maßgabe der für diese geltenden Vorschriften, die Vornahme von Rechtsgeschäften gestattet sein, soweit es nach seiner gesamten Entwicklung zur Betätigung rechtlichen Wollens fähig ist, was wiederum, in Ermangelung einer Grenze für das Kindesalter, im Einzelfalle festzustellen ist, aber nicht durch Verknüpfung der Reife des Kindes mit dem gerade in Frage stehenden Rechtsgeschäft, sondern unter Berücksichtigung seiner gesamten Persönlichkeit[2]) (Protokolle Bd. I S. 48).

c) Es soll dem Kinde, wie den übrigen Minderjährigen und nach Maßgabe der für diese geltenden Vorschriften, die Vornahme von Rechtsgeschäften gestattet sein, sofern es zur Abgabe einer Willenserklärung fähig ist, wobei also nicht die Willensfähigkeit, sondern nur die Erklärungsfähigkeit des Kindes festzustellen ist (Bericht der RTK. S. 24).[3])

Die erste dieser Anschauungen (unter a) wurde des näheren dahin ausgeführt, daß die Tatsache der Willensunfähigkeit sehr jugendlicher Kinder keinen Grund bilde, „den rechtlichen Zustand, in welchem das Kind unter sieben Jahren bezw. der entmündigte Geisteskranke sich

---

[1]) Also namentlich diejenigen Bestimmungen, welche die Mitwirkung des gesetzlichen Vertreters bei Rechtsgeschäften des Minderjährigen regeln.

[2]) Es ist hier also, ähnlich wie bei dem § 56 StGB., festzustellen, ob das Kind im allgemeinen die Fähigkeit zum rechtlichen Willen besessen hat, und es kommt nicht darauf an, ob dieser Fähigkeit im konkreten Falle ein mangelfreier Wille entsprang. – Vgl. auch unten § 5.

[3]) Diese verschiedenen Anschauungen verlangten natürlich inhaltlich eine verschiedene Qualifizierung der rechtlichen Stellung nicht nur des Kindes, sondern auch des Minderjährigen im Alter von mehr als sieben Jahren.

befinde, als eine vollkommene Handlungsunfähigkeit zu kennzeichnen, welche auch dem vorhandenen Willen jede Wirksamkeit abspreche." „Man solle die durch die Rezeption des röm. Rechtes im 16. Jahrhundert unterbrochene Entwickelung des deutschen Rechtes nunmehr fortführen und durch Beseitigung der Periode der infantia das weit einfachere deutsche Recht von den Altersstufen wieder herstellen." Gegen die Berechtigung dieser Ausführungen sprechen dieselben Erwägungen, wie gegen die zweite Anschauung (unter b) und deren Begründung, welche namentlich auf die Willkürlichkeit in der gesetzlichen Fixierung der Altersgrenzen Bezug nahm. Die Widerlegung aller dieser und ähnlicher Deduktionen findet sich in der gerechten Würdigung derjenigen Gesichtspunkte, welche für die Fixierung gesetzlicher Altersgrenzen überhaupt maßgebend sind, und diese finden sich in der Erwägung, daß man den Richter durch die Zuweisung der Prüfung des Individuums auf seine allgemeine Reife vor eine zu schwierige Aufgabe stellen würde. Diese Tatsache zwingt uns auch, die von den Befürwortern des Antrags auf Gleichstellung aller Minderjährigen zum Teil richtig gekennzeichneten geringeren Unzuträglichkeiten in Kauf zu nehmen. [1])

Über die dritte Begründung (unter c) des erwähnten Antrags sagt der Bericht der Reichstagskommission, es sei durch diesen Antrag bezweckt worden, „die Kinder unter sieben Jahren den übrigen Minderjährigen gleichzustellen, ihre Willenserklärungen also (sofern sie tatsächlich überhaupt solche abgeben können) insoweit als gültig anzuerkennen, als sie durch dieselben lediglich einen rechtlichen Vorteil erlangen (§ 103)." [2])

[1]) Dem oben erwähnten Hinweis auf den Standpunkt des deutschen Rechts begegnete die Mehrheit der Kommission mit dem Bemerken, daß es sich ohne zwingende Gründe auch nicht empfehle, „von dem seit Jahrhunderten in dem größten Teile Deutschlands geltenden Rechte, aus welchem sich Unzuträglichkeiten nirgends ergeben hätten, abzuweichen. Daß das deutsche Recht sich von dem römischen habe verdrängen lassen, sei eben ein Zeichen für die praktische Brauchbarkeit des letzteren. Die historische Entwickelung des römischen Rechtes, welches ursprünglich eine feste Grenze für das Kindesalter nicht gekannt habe, beweise das Mißliche einer auf die schwankenden Ergebnisse der Untersuchung des Einzelfalles abzielenden Normierung und das Bedürfnis einer festen allgemeinen Norm; es sei sehr fraglich, ob das deutsche Recht bei ungehemmter Weiterentwickelung durch das Verkehrsbedürfnis nicht auch zur Aufstellung einer solchen Grenze gedrängt worden wäre."

[2]) § 103 der Vorlage = § 107 des Gesetzes. — Der Antrag auf Gleichstellung sämtlicher Minderjähriger ging offenbar weiter, als es nach der oben gegebenen

Man kann dies, wie schon erwähnt, nicht anders auffassen, als daß dem Richter die Prüfung der Frage, ob der Wille des Kindes auf die Erlangung des rechtlichen Vorteils gerichtet war, entzogen sein soll, denn die Prüfung der Einsicht in die Bedeutung der abgegebenen Erklärung ist nach § 107 BGB. auch bei dem über sieben Jahre alten Minderjährigen nicht erforderlich.[1]) Hiernach soll also, anders als nach dem in der ersten Lesung gestellten Antrag, von dem Kinde schlechtweg jeder rechtliche Vorteil erlangt werden, auf dessen Erlangung die Erklärung ihrem Sinne nach gerichtet ist. Der Beurteilung des Richters würde mithin — anders, als dies die Vertreter der unter a und b angeführten Anschauungen wollten — die Feststellung der allgemeinen Entwickelungsstufe des Kindes entzogen sein, da ja nicht diese und die durch sie bedingte Intelligenz und Reife zum Wollen, sondern nur die äußere, sinnenfällige Tatsache der Erklärung in Frage kommt; insofern wäre also das Ergebnis dasselbe, wie bei der fiktionsweisen Festsetzung einer rechtserheblichen Altersstufe für die Begrenzung des Kindesalters. Wo aber hier die wahre Schwierigkeit liegt, zeigt der angeführte Satz, daß die rechtlichen Vorteil bringenden Willenserklärungen der Kinder als gültig anzuerkennen sind, soweit die Kinder tatsächlich überhaupt solche abgeben können. Damit wird an die Stelle eines beseitigten Hindernisses ein anderes gesetzt, denn wann kann ein Kind eine Willenserklärung abgeben? Wenn man einem sechsjährigen Kinde ein Stück Schokolade anbietet, so nimmt es dieses Stück, sagt vielleicht „danke" und verzehrt es, und wenn man einem sechs Monate alten Kinde eine Klapper oder ein sonstiges Lärminstrument zeigt, so deutet es durch unartikulierte Laute, durch Ausstrecken der Hände 2c. den Wunsch an, den Gegenstand zu haben und ist zufrieden, wenn er ihm gegeben wird. Diese Fälle sind offenbar rechtlich nicht unterscheidbar, denn die rechtsgeschäftliche Bedeutung ihrer Handlungen ist beiden Kindern unklar; ihr Wille ist, wie oben ausgeführt wurde, kein rechtsgeschäftlicher Wille, sondern nur auf die

---

Begründung der Vertreter des Antrags in der Reichstagskommission in deren Absicht gelegen zu haben scheint, denn der in der Geschäftsfähigkeit beschränkte Minderjährige nimmt ja nicht nur bezüglich der lediglich Vorteil bringenden Rechtsgeschäfte eine andere Stellung ein, als der Geschäftsunfähige. Tatsächlich folgt aus der beantragten Fassung das, was oben unter c formuliert ist.

[1]) Eine solche Erklärung kann höchstens nach § 119 BGB. mangelhaft sein, jedoch besteht auch dann dieser Mangel nur zu Gunsten des Erklärenden.

Herstellung eines rein tatsächlichen Zustandes in der Außenwelt gerichtet: das sechsjährige Kind will die Schokolade „haben“, das sechsmonatige Kind will die Kinderklapper „haben“, aber keines von beiden hat den Willen, „eine unentgeltliche Zuwendung anzunehmen“. Wo ist nun hier die Grenze zu ziehen und wann können Kinder Willenserklärungen „tatsächlich überhaupt abgeben“? Der unzweideutige Ausdruck von Absichten durch konkludente Handlungen findet sich schon in den ersten Lebensmonaten des Menschen und unterscheidet sich tatsächlich in Nichts von den auch schon frühe auftretenden Erklärungen: für die rechtliche Beurteilung ist es genau dasselbe, ob das Kind verlangend die Hände ausstreckt, ob es sagt: „haben! haben!“ oder ob es erklärt: „bitte, gib mir das und das!“ Im einzelnen Falle würde man bei der Erörterung der Frage, ob das Kind eine Erklärung überhaupt abgegeben hat, auf dieselben Schwierigkeiten stoßen, wie bei derjenigen der hier eliminierten Frage, ob das Kind nach dem Stande seiner Entwickelung zum rechtsgeschäftlichen „Wollen“ fähig ist.

IV. Betrachtet man nun aber die Frage der völligen Geschäftsunfähigkeit des Kindes im Alter von weniger als sieben Jahren nur unter dem Gesichtspunkte des seiner Schwäche gebührenden Schutzes, so erscheint die Bestimmung, daß das Kind durch seine Willenserklärungen sich nicht irgendwie verpflichten kann, durchaus notwendig. Anders steht dies mit Erklärungen, „durch die es lediglich einen rechtlichen Vorteil erlangt“, und deren gibt es nicht allzuviele. Wie Planck[1]) richtig bemerkt, kommt praktisch in Betracht hauptsächlich „die Annahme reiner Schenkungen und einzelner sonstiger unentgeltlicher Zuwendungen.“[2]) Eine solche reine Schenkung, die also nicht mit irgendwelchen Auflagen oder durch ähnliche lästige Nebenabreden beschwert ist, bringt lediglich rechtlichen Vorteil im Sinne des § 107 BGB. und kann deshalb von dem in der Geschäftsfähigkeit beschränkten Minderjährigen selbständig angenommen werden. Aber selbst eine solche

---

[1]) Kommentar, Bd. I S. 153.

[2]) Über den Erwerb des Eigenbesitzes und den Eigentumserwerb durch Aneignung, welche sich meist ebenfalls als „lediglich rechtlichen Vorteil bringend“ darstellen und bezüglich deren dasselbe gilt, wie für Geschenke 2c., vgl. die Ausführungen in § 6. Siehe daselbst insonderheit auch den Unterschied zwischen diesen vermöge der Analogie unter § 107 BGB. fallenden Rechtshandlungen und der als rechtsgeschäftliche Willenserklärung erscheinenden Annahme einer Schenkung oder sonstigen unentgeltlichen Zuwendung.

Schenkung kann unter Umständen lästig fallen, und dadurch wird die Tatsache gerechtfertigt, daß man ihre selbständige Erwerbung den sehr Jugendlichen, den Kindern, verbietet. Der Gefahr, den geschenkten Gegenstand zurückerstatten zu müssen,[1]) ist der Beschenkte selbst bei den reinsten und liberalsten Schenkungen ausgesetzt. Das bedeutet natürlich eine Verschlechterung seiner Rechtslage, denn wenn er auch, wie im Falle des § 528 BGB., zur Rückerstattung nur verpflichtet ist nach den Vorschriften über die Herausgabe einer ungerechtfertigten Bereicherung und er deshalb nur soweit, als er noch bereichert ist, herauszugeben hat, so ist er doch verpflichtet, und die Entstehung einer rechtlichen Verpflichtung bedeutet stets eine Beeinträchtigung des Rechtsgüterstandes des Verpflichteten.[2]) Schon im Augenblicke der Annahme der Schenkung aber wird eine Bedingung für die künftige Entstehung jener Verpflichtung gesetzt und damit der Rechtsgüterstand des Annehmenden gefährdet. Hiernach muß es als geradezu unmöglich bezeichnet werden, daß überhaupt ein Fall von „lediglich rechtlichen Vorteil bringender" Willenserklärung denkbar ist, in dem die Möglichkeit des Entstehens eines künftigen Nachteils für den Erwerbenden unbedingt ausgeschlossen ist.[3]) Im Grunde ist jedes Geschenk mehr oder weniger Danaergeschenk und auch ein mir in freundschaftlichster und selbstlosester Absicht geschenkter Hund kann mir eine bedenkliche Bißverletzung zufügen. Da hiernach auch mit dem unentgeltlichen Erwerb in seiner

[1]) Z. B. nach § 528 Abs. 1 Satz 1 BGB.: „Soweit der Schenker nach der Vollziehung der Schenkung außer stande ist, seinen standesmäßigen Unterhalt zu bestreiten und die ihm seinen Verwandten, seinem Ehegatten oder seinem früheren Ehegatten gegenüber gesetzlich obliegende Unterhaltspflicht zu erfüllen, kann er von dem Beschenkten die Herausgabe des Geschenkes nach den Vorschriften über die Herausgabe einer ungerechtfertigten Bereicherung fordern."

[2]) Vgl. den Begriff der Vermögensbeschädigung im Sinne des § 263 StGB. — Siehe von Liszt, Lehrbuch des Strafrechts, § 138.

[3]) So eng ist eben die erwähnte Bestimmung des § 107 BGB. nicht aufzufassen, weil sie sonst sinnlos wäre. Gerade deshalb aber wäre vielleicht die Fassung des § 65 Abs. 2 des ersten Entwurfes vorzuziehen, wonach der Minderjährige im Alter von mehr als sieben Jahren fähig sein sollte „zur Vornahme von Rechtsgeschäften, durch welche er lediglich Rechte erwirbt oder lediglich von Verbindlichkeiten befreit wird." Solche Rechtsgeschäfte, meint der Entwurf offenbar, bringen regelmäßig nur rechtlichen Vorteil und deshalb soll ihre selbständige Vornahme dem Minderjährigen erlaubt werden. Wenn der Minderjährige hiernach z. B. durch das Geschäft lediglich ein Recht erwirbt, so bedarf es keiner ferneren Prüfung darüber, ob ihm dieser Rechtserwerb auch tatsächlich lediglich Vorteil bringt.

reinsten Form eine gewisse Gefährdung des Erwerbers immer verbunden sein wird, erscheint die Bestimmung, welche dem sehr Jugendlichen, dem Kinde im Alter von weniger als sieben Jahren, den selbständigen Erwerb überhaupt untersagt, ganz gerechtfertigt; man will ihn eben auch jenen entfernteren und entferntesten Gefahren nicht aussetzen. In den älteren und reiferen Minderjährigen dagegen glaubt man das Vertrauen setzen zu dürfen, daß er auch jene entfernteren Möglichkeiten einer Gefährdung seiner selbst in Betracht zieht und sich danach über die Abgabe solcher Erwerbserklärungen vernünftig entscheidet.

V. „Der Schutz geschäftsunfähiger Personen, sowie Minderjähriger, welche das siebente Lebensjahr zurückgelegt haben, wird nur unvollkommen erreicht, wenn die Fürsorge auf die von ihnen vorgenommenen Rechtsgeschäfte sich beschränkt. Es bedarf einer ferneren Vorschrift in Ansehung der Rechtsgeschäfte Dritter, soweit solche Rechtsgeschäfte darauf gerichtet sind, eine Änderung in der Rechtslage dieser Personen ohne deren Zutun herbeizuführen."[1]) Aus dieser Erwägung erwuchs die Vorschrift des § 131 Abs. 1 BGB.:

> „Wird die Willenserklärung[2]) einem Geschäftsunfähigen gegenüber abgegeben, so wird sie nicht wirksam, bevor sie dem gesetzlichen Vertreter zugeht."

Die hier in Rede stehenden Fälle der empfangsbedürftigen Willenserklärung[3]) haben gegenüber der großen Menge die Besonderheit, daß ihre Wirksamkeit erst eintritt, wenn sie demjenigen, gegenüber welchem sie abzugeben sind, zugegangen sind,[4]) d. h. „wenn derjenige, für welchen sie bestimmt sind, in die Lage gesetzt worden ist, daß er unter regelmäßigen Verhältnissen von der Willenserklärung sich Kenntnis verschaffen konnte."[5]) Der hier wesentlich interessierende Gesichtspunkt bei der empfangsbedürftigen Willenserklärung ist der, daß man das Gewicht nicht „allzusehr auf die Willenserklärung als Rechtsakt des Erklärenden" legen darf, daß man vielmehr berücksichtigen muß, „daß die Erklärung zu ihrem bezweckten vollen rechtlichen Erfolge erheischt, daß der andere Teil sie in Erfahrung bringt

[1]) Motive, Bd. I S. 139.

[2]) Nämlich diejenige, „die einem anderen gegenüber abzugeben ist": § 130 BGB.

[3]) Eine umfangreiche Aufführung solcher Erklärungen geben die Motive a. a. O.

[4]) § 130 BGB.

[5]) Siehe Planck, Kommentar, Bd. I S. 164.

oder doch bringen kann."[1]) Es ist also hier die Mitwirkung eines anderen als des Erklärenden erforderlich, allerdings nicht eine Mitwirkung durch aktives Eingreifen, sondern nur eine passive, rezipierende. Der Empfänger der Erklärung braucht nicht zu handeln,[2]) und selbst ein vorsätzliches Handeln seinerseits, gerichtet auf die Verhinderung der ihm tatsächlich möglich gewordenen Kenntnisnahme von der ihm zugegangenen Erklärung,[3]) kann die Wirkung dieser Erklärung nicht beeinträchtigen. Das Handeln des Empfängers ist hiernach gänzlich irrelevant.[4])

Wenn die Erörterung dieser Frage trotzdem in den Kreis unserer Betrachtung gezogen wird, so gründet sich das auf folgenden Umstand: die Bestimmung, daß der tatsächliche, von dem Empfänger nicht zu verhindernde Zugang der Erklärung unter allen Umständen die rechtliche Wirksamkeit der Erklärung herbeiführt, kann nur dann berechtigt und billig erscheinen, wenn der Empfänger in der Lage ist, je nach dem Inhalte der ihm zugegangenen Erklärung die in seinem Interesse liegenden Maßnahmen zu treffen. Dies aber kann der Empfänger nur dann, wenn ihm die Bedeutung der zugegangenen Erklärung verständlich ist. Das Kind, dem die Fähigkeit zur rechtlichen Bewertung der tatsächlich vernommenen Erklärung fehlt,[5]) hat natürlich auch nicht die Möglichkeit, sein Handeln nach diesem ihm unver-

---

[1]) Vgl. Motive, Bd. I S. 157.

[2]) Anderer Ansicht offenbar Matthiaß, Lehrbuch, Bd. I S. 154, welcher, allerdings etwas unklar, sagt: nichtig sind „die Willenserklärungen, die gegenüber einer geschäftsunfähigen Person abgegeben sind. Abgeben bedeutet nicht nur das Richten an jemanden, sondern auch das Empfangen, welches insofern als eine Handlung angesehen wird."

[3]) Z. B. das Unterlassen der Eröffnung eines eingelaufenen Briefes.

[4]) Aus diesem Grunde verfährt Endemann, Lehrbuch, Bd. I S. 125 f. durchaus richtig, wenn er in seine Definition der „Geschäftsfähigkeit" die Fähigkeit zur Empfangnahme von Willenserklärungen ausdrücklich mit aufnimmt. Endemann verhält sich auch darin nur konsequent, daß er den Oberbegriff der „Handlungsfähigkeit" ablehnt und durch „Verkehrsfähigkeit" ersetzt mit der Begründung, daß „die Geschäftsfähigkeit auch auf das Empfangen von Willenserklärungen ausgedehnt ist, wozu nicht stets eine „Handlung" erforderlich ist." (Vgl. a. a. O. S. 123 Anm. 6.)

[5]) Bei der Regelung der Stellung der fraglichen Bestimmung im Gesetzbuche verfuhr die Kommission für die zweite Lesung mit Rücksicht darauf, daß „der § 66 (jetzt § 131) nicht einen Mangel oder eine Beschränkung der Geschäftsfähigkeit, d. h. der zur Vornahme eines Rechtsgeschäfts oder zur Abgabe einer

ständlichen Sinne der Erklärung vernünftig einzurichten, und um zu verhindern, daß dem Kinde hieraus ein Schaden erwächst, mußte jene Modifikation der Bestimmungen über die empfangsbedürftigen Erklärungen erfolgen.[1]) Der Zusammenhang dieser Vorschrift mit denjenigen, welche unmittelbar das Handeln des Kindes betreffen, liegt darin, daß es sich dort um die Unfähigkeit zur vernünftigen Initiative, hier um die zur vernunftmäßigen Reaktion handelt. Die Initiative des Kindes ist unbeachtlich, weil das Kind einen rechtlichen Erfolg nicht wollen kann; seine tatsächliche, sinnenfällige Reaktion ist schon aus eben demselben Grunde irrelevant; aber auch der Reaktion in negativer Richtung, welche sich nicht in einem Handeln, sondern gerade im Unterlassen irgendwelcher Maßnahmen äußert, darf bei dem Kinde rechtliche Bedeutung nicht zugemessen werden, weil es das ihm Gegebene, welches eine Reaktion in gewissem Sinne erheischt, nicht rechtlich bewerten kann. Der gerade bei der empfangsbedürftigen Willenserklärung unter Umständen sehr wesentliche Mangel einer erkennbaren Reaktion auf seiten des Empfängers darf, wenn dieser Empfänger ein Kind ist, nicht rechtlich berücksichtigt werden, denn nur „qui tacet, cum **loqui potuit et debuit**, consentire videtur," und das Kind hat nicht die Fähigkeit, also auch nicht die Verpflichtung, zu reden, d. h. durch eine rechtserhebliche Handlung zu reagieren. Dieser Mangel der Perzeptions- und Reaktionsfähigkeit schützt das Kind auch gegen nachteilige Folgen des Mangels einer Reaktion seitens des ihm bestellten Vertreters, solange diesem nicht selbst der die Reaktion erfordernde Sachverhalt auf ordnungsmäßigem Wege erkennbar geworden, solange ihm die Erklärung nicht zugegangen ist.

Willenserklärung erforderlichen Fähigkeit des Erklärenden, sondern einen Mangel der zur Wirksamkeit der Willenserklärung erforderlichen Rezeptionsfähigkeit auf Seite desjenigen, demgegenüber die Erklärung abgegeben ist, bestimme." (Protokolle, Bd. I S. 63.)

[1]) Vgl. Planck, Kommentar, Bd. I S. 182f.: „Der Zweck, um dessentwillen vorgeschrieben wird, daß eine Willenserklärung gegenüber einer bestimmten Person abgegeben werden muß, besteht darin, daß diese Person von der Erklärung Kenntnis erlangen und dadurch die Möglichkeit erhalten soll, die Einwirkung der Erklärung auf ihre Rechtsverhältnisse zu beurteilen und diejenigen Maßregeln zu ergreifen, welche ihr infolge davon erforderlich erscheinen. Kenntnis von der Erklärung kann auch der Geschäftsunfähige erlangen, aber ihm fehlt die Möglichkeit, die Einwirkung der Erklärung auf seine Verhältnisse richtig zu würdigen und die infolge der Erklärung etwa notwendig werdenden Rechtshandlungen vorzunehmen (§§ 104, 105 Abs. 1)."

Was nun diese Frage des Zugangs der Erklärung anlangt, so ist zunächst zu berücksichtigen, daß nach den obigen Ausführungen das Kind tatsächlich gar nicht als Empfänger der Erklärung erscheint, weil es völlig irrelevant ist, ob das Kind überhaupt in die Lage gekommen ist, Kenntnis von der Erklärung zu nehmen. Diese Feststellung ist besonders wichtig für den Fall der Abgabe einer empfangsbedürftigen Erklärung gegenüber einem Anwesenden. Wird einem Kinde gegenüber eine solche Erklärung in Abwesenheit des gesetzlichen Vertreters abgegeben, so ist dies genau so bedeutungslos, wie die Abgabe der Erklärung gegenüber einer beliebigen dritten, nicht empfangsberechtigten Person. Einerseits nämlich kann das Kind die Erklärung für sich nicht empfangen, weil ihre Wirksamkeit von dem Zugang an den gesetzlichen Vertreter abhängt. Andererseits aber bewirkt der Mangel der Rezeptions- und Reaktionsfähigkeit auf seiten des Kindes, daß von diesem auch nicht verlangt werden kann, daß es den gesetzlichen Vertreter von dem Gehörten in Kenntnis setzt. Durch die Abgabe gegenüber dem Kinde ist aber die Erklärung konsumiert genau ebenso, wie bei der Abgabe gegenüber einer unbeteiligten dritten Person und, wie Planck[1]) treffend sagt, es „bleibt nichts übrig, was dem gesetzlichen Vertreter zugehen könnte.“ Aus dieser Konsumierung der abgegebenen Erklärung durch die Abgabe gegenüber dem Kinde folgt auch, daß ein Zugang dieser Erklärung an den gesetzlichen Vertreter überhaupt ausgeschlossen ist; der Vertreter „kann später von der abgegebenen Erklärung hören; in einem solchen Hören liegt aber kein Zugehen im Sinne des § 130.“[2]) Es bedarf also zur Erreichung des von dem Erklärenden erstrebten Zweckes einer neuen Erklärung und der Bewirkung des Zugangs derselben an den gesetzlichen Vertreter. Diese neue Erklärung kann natürlich mit der früheren, rechtlich irrelevanten genau übereinstimmen; eine einfache Verweisung auf diese nicht „in mundo“ befindliche frühere Erklärung ist unzulässig auch dann, wenn der gesetzliche Vertreter „von der früheren Erklärung gehört hat.“

---

[1]) Kommentar, Bd. I S. 184.

[2]) Vgl. Planck a. a. O. — Siehe auch Crome, System, Bd. I S. 364: „Die Erklärung ist unwirksam, soweit sie gegenüber einem Geschäftsunfähigen erfolgt. Doch kann sie hier noch wirksam werden, sofern sie dem gesetzlichen Vertreter des Geschäftsunfähigen zugeht. Doch muß dies auf dem Willen des Erklärenden beruhen (nicht bloß auf einem Zufall).“

Ein rechtlich bedeutsames Zugehen an den gesetzlichen Vertreter kann allerdings auch durch Vermittlung des Kindes statthaben, und zwar dann, wenn das Kind als Bote für die Übermittlung der Erklärung zu betrachten ist; hier erscheint das Kind eben überhaupt nicht als „Empfänger" der Erklärung.[1])

Ist der gesetzliche Vertreter bei der Abgabe der Erklärung anwesend, so richtet sich diese an ihn als den Empfänger und wird deshalb sofort wirksam; ob auch das Kind selbst gegenwärtig ist, ist gänzlich gleichgültig. Die Fassung des § 131 Abs. 1 BGB.[2]) könnte zu der Annahme verleiten, als müßte die Erklärung vor dem Zugang an den gesetzlichen Vertreter auch dem Kinde selbst zugegangen sein; davon ist natürlich gar keine Rede.

§ 3.

II. Einzelne Rechtsgeschäfte.

I. Mit Rücksicht auf die zahlreichen, die Materie anscheinend erschöpfenden Sonderbestimmungen über die Ehe könnte man geneigt sein, auch den Eheschließungserklärungen der Kinder eine besondere Behandlung zu teil werden zu lassen. Auch diese Einigungserklärungen der Brautleute bei der Eingehung der Ehe sind rechtsgeschäftliche Willenserklärungen,[3]) und deshalb würde die von einem Kinde ab-

---

[1]) Die Übermittlung einer Erklärung durch einen Boten ist an sich etwas rein Tatsächliches und es kann deshalb auch ein Kind als Bote erscheinen. Niemals aber kann die Boteneigenschaft des Kindes auf einem Rechtsgeschäft des Kindes beruhen, wie dies stets der Fall ist, wenn ein Handlungsfähiger als Bote auftritt. — Cosack, Lehrbuch, Bd. I S. 165 f. meint: „Der Mündel, der eine ihm gegenüber abgegebene Erklärung dem Gewalthaber übermittelt, ist von einem gewöhnlichen Boten verschieden, da die Erklärung, welche er weiterbestellt, an seine persönliche Adresse (nicht an die des Gewalthabers) gerichtet war und da er nicht im Auftrage des Erklärenden, sondern vielmehr aus eigenem Antriebe seine Bestellung machte. Trotzdem wird der Mündel nach Analogie des Boten zu behandeln sein." Dazu ist zu bemerken, daß gerade in diesem Falle die Erklärung nicht wirksam werden kann, eben weil das Kind nicht als Bote erscheint und deshalb der Zugang der Erklärung an den gesetzlichen Vertreter nicht — wie Crome a. a. O. richtig verlangt — „auf dem Willen des Erklärenden beruht" (siehe vorige Anmerkung). — Vgl. auch Endemann, Lehrbuch, Bd. I S. 127 Anm. 8.

[2]) „Wird die Willenserklärung einem Geschäftsunfähigen gegenüber abgegeben, so wird sie nicht wirksam, bevor sie dem gesetzlichen Vertreter zugeht."

[3]) Vgl. Endemann, Lehrbuch, Bd. II S. 595. Matthiaß, Lehrbuch, Bd. II § 80. Jacobi, Das persönliche Eherecht des BGB., S. 25 Anm. 22a.

gegebene Einigungserklärung an sich schon nach §§ 104, 105 BGB. nichtig erscheinen. Mit Rücksicht auf den besonderen Charakter des Rechtsgeschäfts der Ehe aber hat das Gesetz eine besondere und unzweideutige Bestimmung der Voraussetzungen und der weiteren Gestaltung dieses Rechtsgeschäfts für notwendig erachtet.[1]) Diese Sondervorschriften decken sich zum Teil vollständig mit den allgemeinen Bestimmungen über Rechtsgeschäfte, welche Tatsache an sich den Schluß gerechtfertigt erscheinen läßt, es habe in der Absicht des Gesetzgebers gelegen, die Anwendung dieser allgemeinen Bestimmungen auf das Rechtsgeschäft der Ehe schlechthin zu untersagen. Von dieser Voraussetzung soll auch für den hier in Rede stehenden Fall zunächst ausgegangen werden; alsdann wird an der Hand einer kritischen Würdigung des erzielten Resultates über die Berechtigung des erwähnten Schlusses zu entscheiden sein.

Nach § 1323 BGB. ist eine Ehe nur in den Fällen der §§ 1324 bis 1328 nichtig, und § 1325 bestimmt:

> „Eine Ehe ist nichtig, wenn einer der Ehegatten zur Zeit der Eheschließung geschäftsunfähig war oder sich im Zustande der Bewußtlosigkeit oder vorübergehender Störung der Geistestätigkeit befand.
>
> Die Ehe ist als von Anfang an gültig anzusehen, wenn der Ehegatte sie nach dem Wegfalle der Geschäftsunfähigkeit, der Bewußtlosigkeit oder der Störung der Geistestätigkeit bestätigt, bevor sie für nichtig erklärt oder aufgelöst worden ist. Die Bestätigung bedarf nicht der für die Eheschließung vorgeschriebenen Form.“[2])

---

[1]) Vgl. Motive, Bd. IV S. 44: „Da die Eheschließung, durch welche das Rechtsverhältnis der Ehe begründet wird, rechtlich betrachtet, sich als ein Rechtsgeschäft darstellt, so würden in Ermangelung besonderer Bestimmungen auch auf die Eheschließung die allgemeinen Grundsätze über die Ungültigkeit der Rechtsgeschäfte Anwendung finden müssen. Die Rücksicht auf das Wesen der Ehe, insbesondere den sittlichen Charakter der letzteren, sowie die Rücksicht auf das an das Institut der Ehe sich knüpfende öffentliche Interesse machen jedoch tiefgreifende Abweichungen von den allgemeinen Grundsätzen des Gesetzbuches über die Ungültigkeit der Rechtsgeschäfte und deshalb eine besondere Regelung der Ungültigkeit der Ehe erforderlich.“

[2]) Das Eheverbot des § 1303 BGB. wegen Mangels der Ehemündigkeit konstituiert an sich nur für das männliche Geschlecht eine absolute Unfähigkeit zur Eingehung der Ehe, und zwar, in Verbindung mit §§ 2, 3 BGB., bis zur Vollendung des achtzehnten Lebensjahres. Der im § 1303 Abs 2 zugelassenen

Diese Bestimmung steht, soweit sie sich auf die Nichtigkeit der Ehe des Geschäftsunfähigen bezieht, durchaus auf dem Boden des allgemeinen Prinzips des § 105 BGB. Die Ehe eines Kindes ist also schlechthin *nichtig*. Was für einen Inhalt hat aber diese Nichtigkeit? Nehmen wir zum Vergleich einen anderen Fall, bei welchem nur die Bestimmung des § 105 BGB. Anwendung findet. Ich erhebe z. B. folgende Klage: „Der noch nicht siebenjährige Beklagte hat bei mir die Lieferung eines Anzuges zum Preise von 30 Mark bestellt; ich beantrage, ihn zur Zahlung von 30 Mark gegen Lieferung des fertiggestellten Anzuges zu verurteilen." Diese Klagbegründung ist ungenügend; ich kann vermittelst ihrer ein Versäumnisurteil nicht erzielen. Ich erreiche eine Verurteilung des Beklagten nach dem Antrage selbst dann nicht, wenn ein legitimierter Vertreter des Beklagten die klagbegründenden Tatsachen zugesteht, aber Abweisung der Klage beantragt. In diesem Falle ist die Tatsache, daß Beklagter zur Zeit des behaupteten Vertragsabschlusses noch nicht sieben Jahre alt war, unstreitig; dies genügt aber, um darzutun, daß ich den erhobenen Anspruch auf jenes klagbegründende tatsächliche Vorbringen nicht stützen kann. Die von dem beklagten Kinde etwa abgegebenen rechtsgeschäftlichen Erklärungen sind rechtlich irrelevant, *existieren rechtlich nicht*; sie haben nicht mehr Bedeutung, als das Plappern eines gelehrigen Papageis.[1]) Und ebensowenig wie dieses können sie in Verbindung mit anderen Tatsachen rechtliche Bedeutung gewinnen. Deshalb kann auch eine solche Erklärung selbst durch spätere Bestätigung nicht relevant werden.[2])

Anders ist es anscheinend mit der Eheschließungserklärung eines Kindes. Nach § 1325 Abs. 1 BGB. begründet die Geschäftsun-

---

Befreiung ist eine untere Grenze nach dem Lebensalter nicht gesetzt, was an sich auch *einem noch nicht sieben Jahre alten Mädchen* unter Umständen die Ehemündigkeit verleihen würde. Erst § 1325 BGB. gibt auch für das weibliche Geschlecht eine *absolute* untere Grenze der Ehefähigkeit, setzt diese aber auf nur *sieben Jahre* fest. Der Mangel der Ehemündigkeit hat aber stets nur *aufschiebende Wirkung*. Vgl. *Denkschrift*, S. 252.

[1]) In der bekannten Geschichte von dem Papagei, der Koks bestellt hatte, könnte man an die Stelle dieses Papageis ein noch nicht siebenjähriges Kind treten lassen, ohne daß die rechtliche Beurteilung eine andere würde.

[2]) § 141 Abs. 1 BGB. — Die „als erneute Vornahme zu beurteilende Bestätigung" ist eben *rechtlich* keine Bestätigung, da sie aller materiellen und formellen Erfordernisse des Geschäfts bedarf.

fähigkeit des Kindes die Nichtigkeit der von ihm eingegangenen Ehe. Nehmen wir nun den zwar unwahrscheinlichen, aber nicht undenkbaren Fall, daß ein Kind unter genauer Beobachtung der vorgeschriebenen Formen eine Ehe eingegangen ist.[1]) Dann ist diese Ehe solange als gültig anzusehen, als sie nicht nach § 1329 BGB. durch Urteil für nichtig erklärt worden ist. Während also eine beliebige andere rechtsgeschäftliche Erklärung eines Kindes derart als rechtlich nicht existierend betrachtet wird, daß an sie Rechtsfolgen irgend welcher Art nicht geknüpft werden, bewirkt die Eheschließungserklärung vermöge der Formenstrenge des Rechtsgeschäfts der Ehe einen Zustand, welcher nur durch ein besonderes Verfahren aus der Welt geschafft werden kann. Die Ehe des Kindes existiert tatsächlich, sie ist vorhanden, zwar als „matrimonium nullum", aber sie ist doch vorhanden, sie ist nicht „matrimonium non existens".[2]) Die Folge davon ist, daß die Berufung auf die Nichtigkeit dieser Ehe nur im Wege der Nichtigkeitsklage erfolgen kann; die Nichtigkeit incidenter geltend zu machen, ist schlechthin ausgeschlossen.[3]) Gerade dies ist

[1]) Planck, Kommentar, Bd. IV S. 19 erwähnt diesen Fall als „freilich wohl nie vorkommend"; uns interessiert hier nur seine rechtliche Möglichkeit, nicht seine tatsächliche Wahrscheinlichkeit. Tatsächlich vorkommen kann der Fall allerdings wohl nur, wenn sämtliche Beteiligte (gesetzlicher Vertreter, Vormundschaftsgericht, Standesbeamter 2c.) pflichtwidrig handeln; rechtlich möglich ist er einfach deshalb, weil diese Pflichtwidrigkeiten keinen Einfluß auf die Gestaltung der geschlossenen Ehe haben (vgl. §§ 1323, 1330 BGB.) — Endemann, Lehrbuch, Bd II S. 650 Anm. 5 und von Staudinger, Kommentar, Bd. IV S. 44 bezeichnen den erwähnten Fall als überhaupt nicht in Betracht kommend; gerade mit Rücksicht darauf müßten sie zu dem von uns erzielten Ergebnis gelangen (vgl. unten).

[2]) Das kann, so unhaltbar diese Konsequenz erscheint, nicht bezweifelt werden, so lange man überhaupt die Nichtigkeit der Ehe des Kindes aus § 1325 BGB. erklärt; ob dies richtig ist, werden wir später sehen. Ein „matrimonium non existens" kennt das BGB. nur bei Formmängeln (§ 1329 Satz 2), und daß ein Formmangel hier nicht vorliegt, war Voraussetzung bei dem konstruierten Fall.

[3]) Vgl. Motive, Bd. IV S. 56. — Der erste Entwurf bestimmte in § 1252 Abs. 1: „Eine nichtige Ehe, deren Nichtigkeit nicht auf einem Formmangel bei der Eheschließung beruht, ist so lange als gültig anzusehen, bis sie aufgelöst oder für ungültig erklärt worden ist." Dies trifft auch zu für das Gesetzbuch, welches diesen Gedanken als selbstverständlich nicht fixiert hat. Vgl. Jacobi, Eherecht, S. 48: „Da es sich bei der vor dem Standesbeamten verlautbarten Ehe um einen formalisierten Tatbestand handelt, so kann die Nichtigkeit grundsätzlich, so lange die Ehe besteht, nur im Wege der Nichtigkeitsklage geltend gemacht werden."

der Unterschied zu sonstigen formellen Geschäften des Kindes; so kann ich mich z. B. jederzeit auf die Nichtigkeit eines von einem Kinde selbständig abgeschlossenen notariellen Eigentumsübertragungsvertrages (§ 313 BGB.) berufen, ohne seine Ungültigkeit in einem besonderen Verfahren dartun zu müssen. Hier hat die Wahrung der Form geringere Bedeutung.

Ein weiterer wichtiger Unterschied der Eheschließungserklärung gegenüber anderen Rechtsgeschäften des Kindes ist die Möglichkeit der Konvaleszenz der Ehe des Kindes durch nachfolgende Bestätigung gemäß § 1325 Abs. 2. Bei anderen Rechtsgeschäften ist, wie wir sahen, eine eigentliche „Bestätigung" nicht möglich; es bedarf vielmehr einer erneuten Vornahme, die einerseits nach den materiellen Grundlagen und nach der Form sämtlichen Erfordernissen des Rechtsgeschäfts gerecht werden muß und andererseits eine Rückbeziehung ihrer Wirksamkeit nicht zur Folge haben kann.

Auch die tatsächliche Wahrscheinlichkeit einer solchen Bestätigung ist gering; sie kann aber zweifellos vorkommen,[1]) und zwar mit geringerer und weiterer Wirkung. Die weitere Wirkung, um diese vorauszunehmen, hat statt, wenn das Kind nach Vollendung des siebenten Lebensjahres die nach § 1325 Abs. 2 BGB. zugelassene Bestätigung vornimmt und sein gesetzlicher Vertreter die Ehe nach § 1337 BGB. genehmigt. Dann ist tatsächlich die Ehe des eben sieben Jahre Gewordenen unanfechtbar, denn der Mangel der Ehemündigkeit bildet, wie wir sahen, nur ein aufschiebendes Ehehindernis.[2]) Eine geringere Wirkung hat die Bestätigung, wenn sie ohne Genehmigung des gesetzlichen Vertreters erfolgt. Dann nämlich kann die Ehe nach § 1331 in Verbindung mit § 1336 Abs. 2 Satz 2 BGB. von dem gesetzlichen Vertreter des in der Geschäftsfähigkeit beschränkten Minderjährigen angefochten werden. Sie gilt jedoch als gültig, so lange diese Anfechtung nicht erfolgt, und unanfechtbar wird sie auch in diesem Falle nach § 1338 BGB., wenn die Ehe vor erfolgter Anfechtung aufgelöst wird, „es sei denn, daß die Auflösung durch den Tod des zur Anfechtung nicht berechtigten Ehegatten herbeigeführt

---

[1]) Voraussetzung ist dabei, daß die Nichtigkeitsklage nicht erhoben ist, mag dies auf einer Pflichtwidrigkeit der Beteiligten oder auf mangelnder Kenntnis des zur Klageerhebung Berechtigten beruhen.

[2]) Siehe Protokolle, Bd. IV S. 79.

worden ist," also z. B. dann, wenn der Minderjährige stirbt, bevor sein gesetzlicher Vertreter die Ehe angefochten hat.

Die vorstehenden Ausführungen sollten nur dartun, zu welchen unhaltbaren Konsequenzen die Einordnung der geschäftsunfähigen Kinder in den im § 1325 BGB. bezeichneten Personenkreis führen muß. Mag man die Bedeutung der Form bei der Eheschließung und die in gewissem Sinne konstitutive Wirkung der Eintragung der Ehe in das Register auch für noch so wesentlich halten und sie geradezu als Angelpunkt des modernen deutschen Eherechts betrachten, — diese Anschauung kann doch nicht unbestritten bleiben, wenn Vernunft Unsinn, Wohltat Plage wird. Der Hinweis aber auf die praktische Bedeutungslosigkeit und faktische Unschädlichkeit der gegebenen Entwickelung kann nur den befriedigen, dem die tatsächliche Gestaltung der Rechtsbeziehungen das einzige Kriterium für die Beurteilung eines Rechtssystems bietet. Es ist das der Standpunkt des Laien, der zu allen den gegebenen Ausführungen überhaupt nur die eine Bemerkung haben wird, daß so etwas nicht vorkomme. Ein gutes Gesetz soll aber keine Bestimmungen enthalten über etwas, das nicht vorkommt, es sei denn, daß es die rechtliche Unmöglichkeit des tatsächlich nicht Vorkommenden konstatiere. Meines Erachtens gibt es aber einen Weg, diese Auffassung auch für den vorliegenden Fall dem BGB. zu entnehmen.

Zunächst sei nochmals darauf hingewiesen, daß es tatsächlich ganz unsinnig erscheint, wenn man der Eheschließungserklärung eines Kindes überhaupt irgend welche rechtliche Berücksichtigung zu teil werden lassen will, wenn man vermeint, eine Erklärung von solcher Tragweite auch bei jugendlichstem Alter des Erklärenden als Rechtsfolgen erzeugend betrachten zu müssen, während man z. B. diesem selben Jugendlichen die Annahme einer reinen Schenkung unmöglich macht. Wie wir sahen, liegt die Bedeutung der Eheerklärung des Kindes einerseits darin, daß nur eine Klage sie ihrer rechtlichen Bedeutung berauben kann, und andererseits darin, daß die einmal geschehene Wahrung der Form eine formlose Heilung des Erklärungsmangels ermöglicht.

Diese Folgen aber können nur dann vermieden werden, wenn man die Anwendbarkeit der sie begründenden Bestimmungen, insbesondere derjenigen des § 1325 Abs. 1 BGB. schlechtweg verneint, d. h. wenn man deduziert: die Ehe des Kindes ist nicht nach § 1325 Abs. 1 BGB. nichtig, ein „matrimonium nullum", sondern sie ist nach § 105

Abs. 1 BGB. nichtig im Sinne von rechtlich nicht bedeutsam, non existens.[1])

Bei einer Prüfung des bisher eingeschlagenen Verfahrens finden wir allerdings zunächst, daß nach § 1323 BGB. eine Ehe nur in den Fällen der §§ 1324 bis 1328 nichtig sein soll. Diese Regelung, sagen die Motive,[2]) „ist eine so erschöpfende, daß daneben für die Anwendung der allgemeinen Grundsätze des Gesetzbuches über die Ungültigkeit der Rechtsgeschäfte nur wenig Raum bleibt." Die Motive meinen also nicht, daß die Anwendung allgemeiner rechtsgeschäftlicher Grundsätze auf die Ehe unbedingt ausgeschlossen sei, doch ist andererseits die fragliche Bestimmung so gefaßt, daß eine Nichtigkeit der Ehe auf Grund eines anderen als der in den §§ 1324 bis 1328 festgestellten Tatbestände unmöglich erscheint. Da nun das Kind stets geschäftsunfähig ist, widerspricht die Behauptung von der Nichtigkeit seiner Ehe den Bestimmungen der §§ 1323 ff. auch dann nicht, wenn man diese Nichtigkeit aus einer anderen, allgemeinen Bestimmung des Gesetzbuches herleitet, denn auch dann handelt es sich um einen Fall der §§ 1324 bis 1328, d. h. eben um einen den Tatbestand eines dieser Paragraphen erfüllenden Fall. Eine andere Frage ist es, ob dieses Verfahren zulässig ist dann, wenn die Anwendung jener allgemeinen Bestimmung eine andere Art der Nichtigkeit der Ehe bewirkt, als sie in den citierten Sonderbestimmungen vorgesehen ist. Meines Erachtens ist diese Frage zu bejahen, d. h. es handelt sich hier um einen der seltenen Fälle, in denen für die Anwendung der allgemeinen Grundsätze tatsächlich „Raum bleibt."

Greifen wir zunächst zurück auf die Gründe, welche bei der Spezialisierung der Ehe-Ungültigkeitslehre ausschlaggebend gewesen sind. Es war, wie wir oben bereits sahen, „die Rücksicht auf das Wesen der Ehe, insbesondere den sittlichen Charakter der letzteren, sowie die Rücksicht auf das an das Institut der Ehe sich knüpfende öffentliche Interesse."[3]) Es sollte hiernach einerseits eine genaue und jeden

---

[1]) Vgl. Jacobi, Eherecht, S. 27: „Daß ein Geschäftsunfähiger keine Ehe schließen kann, brauchte nicht erst gesagt zu werden; denn die Willenserklärungen einer solchen Person sind nach § 105 nichtig." In Rücksicht auf die Stellung des Kindes die äußersten Konsequenzen aus dieser so natürlich erscheinenden Feststellung zu ziehen, scheut sich aber auch Jacobi angesichts des „formalisierten Tatbestandes der vor dem Standesbeamten verlautbarten Ehe." Vgl. a. a. O. S. 48.

[2]) Siehe Bd. IV S. 44.

[3]) Vgl. Motive, Bd. IV S. 44.

Zweifel ausschließende Aufzählung der Gründe für die Ungültigkeit der Ehe, und andererseits eine möglichst große Beschränkung dieser Gründe ihrer Zahl nach stattfinden. Aber sowohl „das Wesen der Ehe", als das an diese sich knüpfende „öffentliche Interesse" verlangen noch mehr.

Das Wesen der Ehe zunächst besteht in der ungeteilten Lebensgemeinschaft der Ehegatten, und ein essentialer Bestandteil dieser Lebensgemeinschaft ist die Geschlechtsgemeinschaft.[1]) Dem Preußischen Allgemeinen Landrecht z. B. erschien diese Tatsache so wesentlich, daß es an der Spitze der Bestimmungen über die Ehe betonte: „Der Hauptzweck der Ehe ist die Erzeugung und Erziehung der Kinder."[2]) Auch das Bürgerliche Gesetzbuch steht auf diesem Standpunkt, was unter anderem schon zur Genüge bewiesen wird durch die Tatsache, daß nach § 1333 BGB. unbestritten auch ein Irrtum über die Fähigkeit eines Ehegatten zur Beiwohnung dem anderen Ehegatten die Anfechtung gestattet. Die Kenntnis der Unfähigkeit zur Beiwohnung würde den anderen bei verständiger Würdigung des Wesens

---

[1]) In diesem Sinne bezeichnet Endemann, Lehrbuch, Bd. II S. 594, die Ehe als ein „formales Rechtsverhältnis, das als regelmäßigen Inhalt die Herstellung einer natürlich-sittlichen Verbindung der Ehegatten unterstellt." Vgl. auch Windscheid, Pandekten, Bd. II § 490, Glück, Erläuterungen zu den Pandekten, Bd. XXIII S. 119, Dernburg, Pandekten, Bd III § 5, welch letzterer sagt: „Der Ehe liegt das natürliche Verhältnis der Geschlechter und die Notwendigkeit ihrer Vereinigung behufs der Erhaltung der Menschheit zu Grunde." — Siehe ferner die Ausführungen bei Friedberg, Kirchenrecht, § 137, insbesondere S. 355f.: „Die Ehe ist die rechtlich anerkannte und mit bestimmten rechtlichen Folgen ausgestattete Geschlechtsverbindung. Alle sonstigen Definitionen, welche aufgestellt worden sind, begreifen die Ehe nur als sittliches, nicht als Rechtsinstitut."

[2]) § 1 II, 1 ALR. — Die in § 2 das. befindliche Bestimmung, daß eine gültige Ehe „auch zur wechselseitigen Unterstützung allein" geschlossen werden könne, ist nicht vereinbar mit der Tatsache, daß die §§ 694 ff. a. a. O. die Versagung der ehelichen Pflicht und das Unvermögen zur Leistung dieser Pflicht als Scheidungsgründe qualifizieren; andererseits ist aber eine Ausschaltung dieser Ehescheidungsgründe durch eine den Gedanken des § 2 a. a. O. zum Ausdruck bringende Vereinbarung nicht zulässig mit Rücksicht auf den zwingenden Charakter der Vorschriften über die Ehe und auf die notwendige Unbedingtheit der Einigungserklärungen. Entstanden ist die gedachte Bestimmung wohl aus der Rücksicht auf solche Ehen, bei deren Eingehung die Ehegatten wegen höheren Alters in eine Geschlechtsgemeinschaft aus Gründen natürlicher Entwickelung nicht mehr eintreten können. Das ändert aber nichts an dem Wesen der Ehe als einer vornehmlich geschlechtlichen Gemeinschaft. — Vgl. auch folgende Anmerkung.

der Ehe als einer vornehmlich geschlechtlichen Gemeinschaft der Ehegatten von der Eingehung der Ehe abgehalten haben. Wenn hiernach die Geschlechtsgemeinschaft ein Essentiale, ein Begriffsmerkmal der ehelichen Lebensgemeinschaft ist, so halte ich dafür, daß ein Verhältnis, sei es sonst wie es wolle, unmöglich den Namen „Ehe" verdienen kann, wenn ein Kind dabei beteiligt erscheint.[1]) Eine solche Verbindung eines Kindes ist ebensowenig eine nichtige Ehe, als z. B. eine Kundgebung eines Privatmannes eine nichtige Kriegserklärung sein kann. Zum Wesen der Kriegserklärung gehört die Beteiligung von Staaten, zum Wesen der Ehe die Beteiligung von geschlechtsreifen Personen.[2]) Die Kundgebung des Privatmannes kann nur das Abbild einer Kriegserklärung, das Verhältnis des Kindes nur das Abbild einer Ehe sein. Ein Rechtsverhältnis existiert rechtlich, auch wenn es mit Mängeln behaftet ist, ein solches Abbild eines Rechtsverhältnisses aber ist etwas nur Tatsächliches, ist rechtlich „non existens".

Das natürlichste wäre nach dem Vorstehenden ein absolutes Eheverbot für die nicht geschlechtsreifen Jugendlichen. Mit Rücksicht auf die oben erörterten Schwierigkeiten[3]) konnte sich jedoch das Gesetz mit einer solchen allgemein gefaßten Bestimmung nicht begnügen;[4]) es mußte

[1]) Nach diesem Gesichtspunkte würde auch ein allgemeines Eheverbot für die infolge von natürlicher oder krankhafter Entwickelung beiwohnungsunfähigen Personen zum mindesten nicht unsinnig erscheinen; praktische Rücksichten verbieten eine solche Festsetzung. Vgl. hierüber die später folgenden Ausführungen.

[2]) Diese Erwägung war auch von jeher der leitende Gesichtspunkt bei der Festsetzung des Ehemündigkeitsalters, welches eben die Verbindung nicht geschlechtsreifer Personen verhindern sollte. Die Überzeugung von der Schädlichkeit einer solchen dem Wesen der Ehe widerstreitenden Verbindung fand ihren deutlichen Ausdruck in dem Standpunkt vieler bisher geltenden Rechte, welche dem Mangel der Ehemündigkeit trennende Wirkung beilegten. Vgl. Motive, Bd IV S. 79 und die Ausführungen bei Friedberg, Kirchenrecht, S. 379 ff., insbesondere den Satz: „Die Ehe als rechtliche Formation des Geschlechtsverhältnisses setzt Geschlechtsreife der Kontrahenten voraus und Fähigkeit zum Vollzug der geschlechtlichen Vereinigung."

[3]) Siehe § 1.

[4]) Diesem Standpunkt näherte sich das kanonische Recht, welches die römische Altersgrenze der Ehemündigkeit acceptierte „als Zeitpunkt, in welchem die Geschlechtsreife vermutet werden könne. Tritt daher diese letztere in einem besonderen Falle früher ein, so wird die von impuberes infantia maiores geschlossene eheliche Verbindung, die sonst bis zum Eintritt der Pubertät rechtlich nur als Verlobung wirkt, ohne weiteres zur Ehe" (Friedberg a. a. O.). Auch die Anerkennung der ehewirkenden Kraft

vielmehr die Frage nach der Geschlechtsreife des Jugendlichen der Prüfung im einzelnen Falle entzogen werden[1]) und eine allgemein gültige untere Altersgrenze bestimmt werden, bis zu welcher der Mensch als noch nicht geschlechtsreif betrachtet wurde. Eine dahin abzielende Vorschrift ist in dem Gesetzbuche nicht enthalten, da einerseits von dem Eheverbot für den Eheunmündigen in weitem Umfange Dispensation zugelassen ist (§ 1303 Abs. 2 BGB.), und andererseits auch die Geschäftsunfähigkeit des Kindes, wie oben erwähnt, keine absolute Eheunfähigkeit begründet (§ 1325 BGB.). Angesichts der durch die Bestimmungen über die Ehe bezweckten Erschöpfung der Materie kann also eine das erstrebenswerte Resultat liefernde Bestimmung nur auf anderem Gebiete gefunden werden, und ich möchte sie in den §§ 104, 105 BGB. suchen.

Nach diesen Vorschriften sind die Willenserklärungen von Kindern unter sieben Jahren schlechthin nichtig, d. h. solche Erklärungen existieren rechtlich nicht. Die Einigungserklärungen bei der Eheschließung sind Willenserklärungen, welche ohne die Sondervorschriften des ersten Abschnittes des vierten Buches dieselbe Behandlung erfahren müßten, wie die rechtsgeschäftlichen Willenserklärungen sonst, und sie müssen diese Behandlung tatsächlich erfahren, wenn trotz jener Sonderbestimmungen für die Anwendung allgemeiner Vorschriften, wie die Motive sagen, Raum bleibt. Ein solcher Fall ist aber die Ehe des Kindes deshalb, weil die aus den Sondervorschriften sich ergebende Qualifizierung des gedachten Verhältnisses als ein „matrimonium nullum“ den tatsächlichen Verhältnissen unmöglich gerecht werden kann. Die Nichtigkeit der Ehe eines Geschäftsunfähigen, also auch der eines Kindes, wurde in unzweideutigster Weise von der Kommission für die zweite Lesung in Beziehung zu den allgemeinen Bestimmungen des Gesetzes gebracht. Die Kommission beschloß nämlich, den § 1231 des ersten Entwurfes, welcher bestimmte: „Eine geschäftsunfähige Person kann eine Ehe nicht schließen“, zu streichen. „Einigkeit bestand darüber,“ sagen die Protokolle,[2])

---

der copula carnalis im kanonischen Recht ist ein Beweis für die dem Begriffe der Ehe essentiale Bedeutung der Geschlechtsgemeinschaft der Eheleute. Vgl. Endemann, Lehrbuch, Bd. II § 154, insonderheit S. 615.

[1]) Das Römische Recht setzte zunächst für Mädchen, dann auch für Knaben eine Altersstufe der Pubertas fest, weil es die körperliche Untersuchung für unzuträglich erachtete. Vgl. das oben erwähnte pr. J. I 22.

[2]) Siehe Bd. IV S. 16.

„daß die Unfähigkeit einer geschäftsunfähigen Person, eine Ehe zu schließen, mit Rücksicht auf den § 79[1]) des Entwurfes II eines besonderen Ausdruckes im Gesetze nicht bedürfe." Die Tatsache der Nichtigkeit der Ehe eines Kindes wurde sonach schon auf Grund der allgemeinen Bestimmungen über die Nichtigkeit der Willenserklärungen der Kinder festgestellt; es wurde also das durch Sonderbestimmungen geregelte Institut der Ehe in Beziehung zu den allgemeinen Vorschriften über Rechtsgeschäfte gesetzt.

Wenn man nun aber die Tatsache der Nichtigkeit einer solchen Ehe auf diese Weise erklärt, so kann es auch nicht ausgeschlossen sein, den Charakter und die Wirkung der Nichtigkeit nach ebendenselben allgemeinen Vorschriften zu beurteilen. Gegen diese Behandlung spricht allerdings der Umstand, daß der § 1325 BGB. in Übereinstimmung mit § 1250 Nr. 2 des ersten Entwurfes ausdrücklich bestimmt, daß die Ehe eines Geschäftsunfähigen nichtig sein solle. Erklärt man die Nichtigkeit, wie es die Protokolle wollen, aus den allgemeinen Vorschriften, so erscheint die erwähnte ausdrückliche Festsetzung überflüssig. Ihre Aufnahme rechtfertigt sich jedoch ganz einfach aus dem Bestreben, eine erschöpfende Aufzählung der Ehe-Nichtigkeitsgründe zu geben, und deshalb können aus dieser Vorschrift keine besonderen Schlüsse bezüglich der Qualifizierung der Nichtigkeit einer solchen Ehe, zum mindesten aber der eines Kindes, gezogen werden.

Eine besondere Stütze findet unsere Anschauung in einem Vergleiche mit einem anderen, extremen Falle des Nichtvorhandenseins einer Ehe. Die Motive[2]) sagen bei der Behandlung der Nichtigkeit der Ehe: „Wie die Eingangsworte des § 1250[3]) ergeben, sind die im § 1250 bezeichneten Fälle der Nichtigkeit der Ehe die einzigen, welche das Gesetz, unbeschadet der daneben unberührt bleibenden Grundsätze des internationalen Privatrechts, anerkennt. Als selbstverständlich ist dabei vorausgesetzt, daß es sich um ein Verhältnis handelt, welches nach dem natürlichen Begriffe der Ehe an sich überhaupt eine

[1]) Jetzt § 105 des Gesetzes.

[2]) Siehe Bd. IV S. 47 f.

[3]) § 1250 des ersten Entwurfes bestimmte: „Die Ehe ist nur dann nichtig: 1. wenn u. s. w." Diese Eingangsworte entsprechen also inhaltlich dem § 1323 BGB., während die §§ 1324—1328 BGB. die Aufzählung der im ersten Entwurfe in § 1250 unter Nr. 1—3 in konditionaler Form enthaltenen Nichtigkeitsgründe geben.

Ehe sein kann. Daß eine Ehe zwischen Personen desselben Geschlechtes auch rechtlich nicht möglich ist, folgt schon aus dem Begriffe der Ehe und ist deshalb im Gesetze nicht besonders auszusprechen, auch dann nicht, wenn das Gesetz sich die Aufgabe stellt, die Nichtigkeitsgründe erschöpfend zu regeln." Aus demselben Grunde ist meines Erachtens auch die Ehe eines Kindes rechtlich unmöglich, denn auch bei ihr handelt es sich um ein Verhältnis, welches nach dem natürlichen Begriffe der Ehe eine solche nicht sein kann.[1][2])

Neben diesem inneren Grunde der absoluten tatsächlichen Eheunfähigkeit des Kindes müssen wir für die Notwendigkeit eines absoluten Eheverbotes für Kinder mehr äußerlich auf die große Bedeutung des Institutes der Ehe verweisen. Das „an dieses Institut sich knüpfende öffentliche Interesse" verlangt vor allem eine sorgfältige Vorbereitung der einzelnen Ehe, es verlangt insonderheit die peinliche Anwendung strenger Formvorschriften. Die Unterordnung der sogenannten Ehe eines Kindes unter die besonderen Bestimmungen über die Ehenichtigkeit würde gegen diesen Grundsatz verstoßen, weil durch sie dem Kinde nach § 1325 Abs. 2 BGB. eine spätere formlose Bestätigung der Ehe möglich werden würde. In der Zulassung einer solchen Befreiung von der Form liegt aber eine Herabwürdigung der Ehe; denn da bei der äußerlich der Form genügenden Eheschließung des Kindes sämtliche materiellen Erfordernisse fehlen, kann diese inhaltslose Wahrung der Formvorschriften eine spätere Befreiung von diesen letzteren nicht gerechtfertigt erscheinen lassen. Ich möchte daher die Wahrung der Form bei der Eingehung der rechtlich nicht relevanten Ehe auch insoweit für rechtlich nicht bedeutsam halten, daß ich die sogenannte spätere Bestätigung als erneute Vornahme und deshalb erneuter Wahrung der Form bedürftig erachte. Es bedeutet dies meines Erachtens eine viel stärkere Formenstrenge und verleiht damit die größtmögliche Sicherheit für die Vermeidung ungesunder Ehen. Diese Annahme erscheint mir um so treffender, als durch sie auch die in § 1325

[1]) Die Möglichkeit, daß ein Kind im Alter von weniger als sieben Jahren die Geschlechtsreife erlangt, dürfte ebenso ausgeschlossen sein, wie die Möglichkeit des Vorkommens des nach Cohn — Das neue deutsche bürgerliche Recht in Sprüchen, Bd. I — „nur im Reiche der Mythen" lebenden Zwitters. Vgl. Motive, Bd. I S. 26.

[2]) Auch die Eingehung des Verlöbnisvertrages als der notwendigen Voraussetzung der Eheschließung ist dem Kinde nicht möglich. Vgl. mein Verlöbnisrecht, S. 16 Anm. 2, S. 85 ff.

Abs. 2 BGB. ausgesprochene Rückbeziehung der Wirksamkeit ausgeschieden wird: die Ehe eines Kindes „als von Anfang an gültig“ anzusehen, erscheint mir mit Rücksicht auf die oben beleuchtete Naturwidrigkeit eines solchen Verhältnisses ganz undenkbar.

Die geschilderte Auffassung von der Natur der Ehe des Kindes macht es nötig, diese Fälle in Beziehung zu setzen zu einigen ähnlichen, und zwar zunächst zu denjenigen, welche an sich nach § 1325 BGB. die gleiche Behandlung verdienen. Es sind dies die Eheschließungserklärungen derjenigen Personen, welche aus anderen Gründen, als wegen jugendlichen Alters, geschäftsunfähig sind. Auf diese eben bezieht sich meines Erachtens die Bestimmung des § 1325 BGB. und die daraus folgende besondere Art der Nichtigkeit der Ehe ausschließlich,[1]) und zwar deshalb, weil es sich in diesen Fällen, z. B. bei einem entmündigten Geisteskranken, nicht um ein naturwidriges Verhältnis, sondern um eine wirkliche, aber mangelhafte Ehe handelt. Während in jenem Falle die wesentlichsten objektiven Voraussetzungen fehlten, trägt hier nur das subjektive Moment des Parteiwillens einen Mangel in sich. Hier erscheint es durchaus gerechtfertigt, daß man dem betreffenden Teile nach Fortfall seiner Geschäftsunfähigkeit die formlose Bestätigung der Ehe gestattet und ferner diese Ehe als von Anfang an gültig betrachtet.

Ein anderer, zu dem erwähnten in Beziehung stehender Fall ist derjenige der aus einem anderen Grunde, als dem des jugendlichen Alters mangelnden Beiwohnungsfähigkeit bei einem der Ehegatten. Von dem hier vertretenen Standpunkt aus erscheint auch eine solche Verbindung als keine rechte Ehe, da in ihr die für die Ehe begrifflich notwendige Geschlechtsgemeinschaft der Ehegatten tatsächlich nicht verwirklicht werden kann. Der Mangel der Beiwohnungsfähigkeit kann nun entweder als krankhafter Defekt, oder aber, bei höherem Alter des betreffenden Ehegatten, als Folge natürlicher Entwickelung erscheinen. Der Unterschied des ersten dieser Fälle zum Fall der sogenannten Ehe eines Kindes ist der, daß es sich in ersterem um eine nicht ohne weiteres feststellbare Eigenschaft Einzelner handelt, während in dem letzteren durch die Erfahrung die Unfähigkeit eines ganzen Personenkreises in

[1]) Wir kommen also hier dazu, die verschiedenen Geschäftsunfähigen verschieden zu behandeln je nach dem Grunde ihrer Geschäftsunfähigkeit; dasselbe wird sich auch in anderen Fällen, wie z. B. bei der Frage der unerlaubten Handlungen, nötig machen. Siehe unten § 5.

der gedachten Beziehung gelehrt wird. Wenn man auch jenen wenigen einzelnen Personen, welche beiwohnungsunfähig sind, die Eingehung der Ehe schlechthin untersagen wollte, so wäre das an sich nicht unsinnig, würde aber, wie leicht einzusehen, praktische Mißstände hervorrufen. Deshalb und mit Rücksicht auf die mannigfaltigen Aufgaben der Eheleute genügt es auch, daß § 1333 BGB. demjenigen Ehegatten, der sich über das Vorhandensein der Beiwohnungsfähigkeit bei dem anderen Ehegatten geirrt hat, die Anfechtung der Ehe gestattet. — Die Beiwohnungsunfähigkeit infolge höheren Alters erstreckt sich ebenso, wie die des Kindes, auf einen größeren Personenkreis, doch ist auch hier eine tatsächliche Feststellung im Einzelfalle schwer zu treffen. Sie darf nicht als Hindernis betrachtet werden schon mit Rücksicht auf die prinzipielle Unlösbarkeit des Bandes der Ehe; in diesen Fällen tritt dann die Geschlechtsgemeinschaft der Eheleute zurück gegenüber der Kindererziehung, der gegenseitigen Unterstützung der Ehegatten rc.

Die Tatsache ferner, daß der Jugendliche unmittelbar nach Vollendung des siebenten Lebensjahres, d. h. noch in einem Zeitpunkt der mangelnden Geschlechtsreife, in einer gültigen Ehe leben kann,[1]) findet ihre Erklärung in der Willkürlichkeit, mit der die Festsetzung rechtserheblicher Altersstufen stets verbunden sein muß.[2])

Wenn wir also die Ehe des noch nicht siebenjährigen Kindes als matrimonium non existens betrachten, so folgt hieraus, daß die Vorschriften über die Ungültigkeit der Ehe auf dieses Verhältnis keine Anwendung finden können. Diese sogenannte Ehe kann deshalb auch durch Bestätigung nicht wirksam werden, und ihre Nichtigkeit darf auch incidenter geltend gemacht werden; es bedarf nicht der Erhebung der Nichtigkeitsklage. Die Beseitigung der Eintragung im Standesregister erfolgt im Wege des Berichtigungsverfahrens gemäß §§ 65f. des Reichsgesetzes vom 6. Februar 1875, also ebenso, wie z. B. die Eintragung einer angeblichen Ehe zwischen zwei Personen desselben Geschlechts zu beseitigen wäre. Auf diesen Weg hinzuweisen, war hauptsächlich Zweck dieser Ausführungen.

Unser Ergebnis, nach welchem die völlige rechtliche Bedeutungslosigkeit der Eheerklärung des Kindes aus dessen totaler Geschäftsunfähigkeit sich ergibt, schließt sich durchaus den gegebenen allgemeinen

---

[1]) Dies folgt daraus, daß der Mangel der Ehemündigkeit nur ein aufschiebendes Ehehindernis bildet.

[2]) Siehe oben § 1.

Grundsätzen an; wir konstatieren eine absolute Eheunfähigkeit des Kindes auf Grund der Tatsache, daß ihm das Wollen eines rechtlichen Erfolges unmöglich ist und an seine Handlungen deshalb ein Erfolg, der nur als gewollter eintritt, nicht geknüpft werden darf. Das auf diesem inneren Grunde beruhende Resultat dient auch, was meines Erachtens keiner weiteren Ausführung bedarf, allein dem wirksamen Schutze des Kindes,[1]) wie er als vornehmster Grundsatz aus den allgemeinen Vorschriften sich ergab, und berücksichtigt in gleicher Weise das aus dem Wesen des Instituts der Ehe sich ergebende öffentliche Interesse.

II. Es ist nunmehr noch kurz darauf hinzuweisen, daß die allgemeine Geschäftsunfähigkeit des Kindes eine besondere Betonung erfahren hat bezüglich der erbrechtlichen Verhältnisse. Es beruht dies auf dem Charakter dieser Beziehungen, denen eine ganz außerordentlich sorgfältige Behandlung zu teil werden muß deshalb, weil sie erst nach dem Ausscheiden des Hauptbeteiligten, des Erblassers, praktische Bedeutung gewinnen, und weil die Ermittelung der Anschauungen und Absichten eines Verstorbenen natürlich außerordentlich schwierig ist. Hier ist eine zweifelsfreie Feststellung aller Voraussetzungen von der größten Wichtigkeit.

Nach § 2229 BGB. zunächst ist das Kind zur Errichtung eines Testaments gänzlich unfähig,[2]) was bei der Bedeutung und Tragweite der testamentarischen Verfügung geradezu selbstverständlich erscheint. Eine Besonderheit gegenüber der allgemeinen Geschäftsunfähigkeit folgt aber für die Testierunfähigkeit des Kindes aus § 2064 BGB., wonach der Erblasser ein Testament nur persönlich errichten kann. Es kann also auch nicht der gesetzliche Vertreter des Kindes für dieses eine testamentarische Verfügung treffen. — Genau in derselben Weise ergibt sich die völlige Unfähigkeit des Kindes zur Schließung eines Erbvertrags als Erblasser aus §§ 2275,

[1]) Auch ein positiver Schaden könnte sonst dem Kinde erwachsen, wie z. B. durch die Auferlegung von Prozeßkosten, wenn sich die Nichtigkeitsklage gegen beide Ehegatten richtet (§ 632 CPO.).

[2]) § 2229 Abs. 2: „Ein Minderjähriger kann ein Testament erst errichten, wenn er das sechzehnte Lebensjahr vollendet hat.“ Über die Stellung des Minderjährigen von mehr als sieben Jahren sind in den Vorarbeiten zum Gesetzbuch zahlreiche Meinungsverschiedenheiten zu Tage getreten. Die Testierunfähigkeit des Kindes ist nie in Zweifel gezogen worden.

2274 BGB.[1]) Ist das Kind nicht Erblasser, so kann der gesetzliche Vertreter für das Kind einen Erbvertrag schließen; zur selbständigen Eingehung eines solchen ist das Kind aber auch hier unfähig nach den allgemeinen Grundsätzen.

Einen Erbverzichtsvertrag kann der gesetzliche Vertreter für das Kind schließen, wenn dieses Erblasser ist.[2]) Diese Regelung erscheint unbedenklich, da der Erbverzicht, im Gegensatz zum Erbvertrag, die wirtschaftliche Lage des als Erblasser beteiligten Kindes kaum berührt; der Erblasser willigt beim Verzicht „nur in eine Änderung seiner Beerbung, die für seine persönlichen Gefühle und sein Familienbewußtsein wichtig sein mag, seine Vermögensrechte aber nicht berührt und ihm sogar größere Freiheit in der letztwilligen Verfügung gewährt."[3])

Auch der selbständige Verzicht auf das Erbrecht ist dem Kinde nicht möglich, und daß diese Regelung dem Interesse des Kindes entspricht, liegt klar auf der Hand. Der Erbverzicht als Verzicht auf das Erbrecht bedeutet an sich, wie jeder Verzicht, zunächst eine Verschlechterung der Lage des Verzichtenden, und diese herbeizuführen, darf dem Kinde nicht gestattet werden. Es kann aber andererseits dieses Recht, auf welches der Verzicht sich bezieht, so beschaffen sein, daß es tatsächlich eine Gefährdung des Vermögensstandes des Berechtigten herbeiführt, wie z. B. bei einer Überschuldung des Nachlasses. Dieser Fall ist analog dem oben besprochenen des reinen Erwerbsgeschäfts,[4]) bei welchem ebenfalls eine Umkehrung der zunächst sinnenfälligen Wirkungen des Handelns in das Gegenteil erfolgen kann. Wenn aber auch das Erbrecht eine solche Gefährdung in sich

---

[1]) § 2275 Abs. 1: „Einen Erbvertrag kann als Erblasser nur schließen, wer unbeschränkt geschäftsfähig ist."

[2]) Und zwar bedarf er der Genehmigung des Vormundschaftsgerichts: § 2347 BGB. — Die Genehmigung des Vormundschaftsgerichts zu Maßnahmen des Vormundes gehört nicht in den Kreis unserer Betrachtungen; sie dient zwar auch dem Schutze des Jugendlichen, aber nicht gegen die Folgen eigenen Handelns, sondern gegen die Folgen der tätigen Fürsorge des gesetzlichen Vertreters. Beiläufig sei aber erwähnt, daß gerade bei der Regelung erbrechtlicher Verhältnisse des Jugendlichen dem Vormundschaftsgericht eine weitgehende Mitwirkung zugestanden ist; vgl. z. B. § 1822 Ziffer 1, 2.

[3]) Vgl. Bericht der RTK. zu § 2320 der Vorlage; dieser Kommission verdankt der Absatz 2 des § 2347 seine Aufnahme.

[4]) Siehe § 2.

birgt, so darf man dem Kinde den Verzicht auf dieses Recht nicht unmöglich machen, und deshalb ist gemäß den allgemeinen Grundsätzen dem gesetzlichen Vertreter des Kindes die Befugnis zum Verzicht auf dessen Erbrecht gegeben.[1])

Im übrigen wird die Rechtsstellung des Kindes auch bezüglich erbrechtlicher Verhältnisse durch die allgemeinen Vorschriften bestimmt. Der gesetzliche Vertreter des Kindes handelt für dieses bei Annahme und Ausschlagung von Erbschaft und Vermächtnis, bei dem Abschlusse eines Erbteilungsvertrages ꝛc. Überall aber wird, wie schon erwähnt, der besonderen Bedeutung der erbrechtlichen Beziehungen Rechnung getragen dadurch, daß man dem Vormundschaftsgericht eine besondere Mitwirkung gestattet.

[1]) Er bedarf aber hierzu wiederum der Genehmigung des Vormundschaftsgerichts: § 2347 BGB.

Zweiter Abschnitt.

Die Rechtshandlungen des Kindes.

§ 4.

I. Allgemeines.

I. Aus der Unfähigkeit des Kindes, Rechtsgeschäfte wirksam vornehmen zu können, folgt nicht zugleich seine Unfähigkeit zur Vornahme sogenannter Rechtshandlungen. Über das Verhältnis dieser Rechtshandlungen zu den Rechtsgeschäften sagen die Motive[1]): „Den Rechtsgeschäften als Handlungen mit Rechtsfolgen, die, weil sie gewollt sind, eintreten, stehen Handlungen gegenüber, an welche Rechtswirkungen sich anschließen, für deren Eintritt nach der Rechtsordnung gleichgültig ist, ob dieselben von den Handelnden gewollt oder nicht gewollt sind." Die Geschäftsunfähigkeit des Kindes erwuchs, wie wir sahen,[2]) aus der Tatsache, daß das Kind unfähig ist, einen rechtlichen Erfolg zu wollen und durch Betätigung dieses Willens hervorzubringen; diese Tatsache kann aber da nicht in Betracht kommen, wo, wie bei jenen Rechtshandlungen im weitesten Sinne, der rechtliche Erfolg in die Erscheinung tritt auf Grund einer nicht auf die willkürliche Hervorbringung eines rechtlichen Erfolges gerichteten Handlung.

Diese Feststellung würde an sich zur Folge haben, daß für die Beurteilung der Stellung des Kindes zu den Rechtshandlungen die Vorschrift des § 105 Abs. 1 BGB. gänzlich ausscheiden, das Kind also

---

[1]) Siehe Bd. I S. 127. — Mit Recht bestreitet Manigk, Anwendungsgebiet, S. 18, „die Behauptung vieler Schriftsteller," daß die Rechtshandlungen „eine einheitliche Behandlung gleich der des Rechtsgeschäfts . . . nicht zuließen, und daß auch kein Bedürfnis hierzu vorhanden wäre." Die unten gegebene Einteilung der Rechtshandlungen beweist zum mindesten die Möglichkeit, vielleicht auch die Zweckmäßigkeit einer Theorie der Rechtshandlungen.

[2]) Vgl. § 2.

zur Vornahme sämtlicher Rechtshandlungen fähig erscheinen würde. Dieser Satz ist aber in solcher Allgemeinheit nicht richtig; es muß vielmehr eine verschiedene Behandlung der einzelnen Rechtshandlungen auch bezüglich ihrer Voraussetzungen Platz greifen. Der Grund aber für die verschiedenartige Beurteilung der Rechtshandlungen bezüglich der Frage, ob die Kinder zu ihrer rechtswirksamen Vornahme fähig sind, ergibt sich unmittelbar aus der oben festgestellten Tatsache, daß das Kind zwar die Herbeiführung eines tatsächlichen Erfolges, einer sinnenfälligen Veränderung der Außenwelt,[1]) nicht aber die eines rechtlichen Erfolges wollen kann.

Die Rechtshandlungen im weitesten Sinne zerfallen in zwei streng voneinander geschiedene Kategorieen. Bei der ersten dieser Kategorieen knüpft sich der Eintritt des rechtlichen Erfolges nur an die Vornahme der Handlung selbst und ist gänzlich unabhängig von den Vorgängen im Innern des Handelnden. Wenn ich beispielsweise eine mir gehörige Sache auf der Straße wegwerfe, so tritt der rechtliche Erfolg des Besitzverlustes ein lediglich auf Grund dieser Handlung, welche die Betätigung eines auf Herbeiführung einer sinnenfälligen Veränderung der Außenwelt, nämlich auf die Veränderung der räumlichen Beziehung zwischen mir und der Sache gerichteten Willens darstellt. Alles übrige ist rechtlich irrelevant; insbesondere ist es gleichgültig, ob ich die Herbeiführung des Besitzverlustes wollte, oder ob ich den Verlust als solchen auch nur innerlich qualifizierte. Diese Art von Rechtshandlungen möchte ich als reine Rechtshandlungen bezeichnen.

Den reinen Rechtshandlungen stehen gegenüber diejenigen, bei denen der Eintritt des rechtlichen Erfolges von dem Vorhandensein eines auf rechtliche Momente gerichteten Willens abhängig ist. Diese Art von Rechtshandlungen bildet eine Zwischenstufe zwischen den reinen Rechtshandlungen und den Rechtsgeschäften, was die Bezeichnung als rechtsgeschäftliche Rechtshandlungen zum Ausdruck bringen dürfte.

Von den Rechtsgeschäften unterscheiden sich die rechtsgeschäftlichen Rechtshandlungen in zwei wesentlichen Punkten. Einerseits nämlich

[1]) Über die Möglichkeit der rechtlichen Berücksichtigung dieser natürlichen Willensfähigkeit wird später ausführlich gesprochen werden.

umfaßt der vorhandene Wille nicht die Herbeiführung des rechtlichen Erfolges selbst, sondern Gegenstand des Willens ist ein von jenem Erfolge verschiedenes, aber ebenfalls rechtliches Moment, nämlich die Qualifizierung der gewollten Handlung nach rechtlichen Gesichtspunkten. So muß ich bei dem Erwerb des Eigenbesitzes den Willen haben, die Sache als mir gehörend, wie ein Eigentümer, zu besitzen; das bedeutet: ich muß die von mir gewollte Beziehung zwischen mir und der Sache nach dem rechtlichen Gesichtspunkt der Herrschaft des Eigentümers über seine Sachen qualifizieren wollen. Es genügt also einerseits nicht, daß ich die Herstellung der tatsächlichen räumlichen Beziehung meiner selbst zu der Sache will — dies ist das Kriterium der reinen Rechtshandlung — und es ist andererseits nicht erforderlich, daß mein Wille den rechtlichen Erfolg des Erwerbes des Eigenbesitzes umfaßt — denn dies ist das Kriterium des Rechtsgeschäfts.[1])

Der andere Punkt, in welchem sich die rechtsgeschäftlichen Rechtshandlungen von den Rechtsgeschäften unterscheiden, liegt darin, daß bei den ersteren der Wille nicht erklärt zu werden braucht, daß vielmehr schon sein Vorhandensein eine besondere Beurteilung der Handlung bewirkt. Dies ist anders beim Rechtsgeschäft, wo nicht die Tatsache des Wollens, sondern die der Erklärung des Wollens das wesentliche Moment ist;[2]) hier tritt die Erklärung sogar stellenweise so sehr in den Vordergrund, daß die Erklärung, wie z. B. im Falle des § 116 Satz 1 BGB., für wirksam erachtet wird, obwohl das Erklärte tatsächlich gar nicht gewollt ist. Einer solchen Erklärung des Willens bedarf es also bei den rechtsgeschäftlichen Rechtshandlungen nicht, aber

---

[1]) Unter Vorbehalt späterer ausführlicher Begründung seien folgende Beispiele aufgeführt: beim Erwerb des Besitzes umfaßt der Wille des Erwerbers die Herstellung der tatsächlichen Beziehung zwischen Person und Sache; beim Erwerb des Eigenbesitzes umfaßt der Wille die Qualifizierung der Beziehung zwischen Person und Sache als einer rechtlichen Beziehung, nämlich der des Eigentümers zu seinen Sachen; bei dem Eigentumserwerb durch Übertragung umfaßt der Wille des Erwerbers den Übergang des Eigentums als rechtlichen Erfolg seines Handelns. Hieraus folgt: der Besitzerwerb ist eine reine Rechtshandlung, der Erwerb des Eigenbesitzes ist eine rechtsgeschäftliche Rechtshandlung, der Eigentumserwerb durch Übertragung ist ein Rechtsgeschäft.

[2]) Dies wird neuerdings, insbesondere von Manigk, Anwendungsgebiet, stark bestritten; vgl. darüber Nr. III dieses Paragraphen.

natürlich muß das Vorhandensein des Willens feststellbar sein, er muß erkennbar gemacht worden sein. Hierüber bemerken die Motive[1]) bei der Behandlung des Besitzerwerbes:[2]) „Der Wille muß, da ein innerlicher Wille außer Betracht bleibt, äußerlich in der Besitzerwerbungshandlung zu Tage getreten sein. Die Kundgebuug des Willens ist nicht eine rechtsgeschäftliche Willenserklärung, weil die rechtlichen Folgen des Wollens und Handelns bei der Besitzerwerbung ebenso wie bei der Verzeihung des scheidungsberechtigten Ehegatten, dem außergerichtlichen Geständnisse, der Anerkennung des § 169 ꝛc., unabhängig von dem Umstande sind, ob der Wille auf deren Herbeiführung gerichtet ist.“[3])

Aus der gegebenen Unterscheidung der Rechtshandlungen ist ersichtlich, daß das Kind angesichts seiner natürlichen Willensfähigkeit reine Rechtshandlungen vornehmen kann, daß es aber mit Rücksicht auf seine Unfähigkeit zum rechtlichen Wollen und zur rechtlichen Qualifizierung nicht fähig ist, rechtsgeschäftliche Rechtshandlungen selbständig vorzunehmen.[4]) In diesem Sinne führt Manigk[5]) aus: „Der Wille zum Rechtserfolg, d. h. die geistige Vorstellung von dem

[1]) Siehe Bd. III S. 82

[2]) Hierbei ist zu berücksichtigen, daß der Begriff des Besitzes im ersten Entwurfe dem des Eigenbesitzes im Gesetzbuche entspricht, daß also die obigen Ausführungen zu den rechtsgeschäftlichen Rechtshandlungen in Beziehung zu setzen sind. Vgl. auch unten § 6.

[3]) Siehe auch Planck, Kommentar, Bd. I S. 142, welcher den Standpunkt der herrschenden Meinung zusammenfaßt dahin: „Der Wille kommt rechtlich nicht in Betracht, solange er lediglich ein Vorgang im Innern des Menschen ist. Für das Recht erhält er Bedeutung erst, wenn er durch Handlungen in die Außenwelt tritt.“ Dagegen Manigk, Anwendungsgebiet, S. 99 ff., der den „inneren Erfolgswillen“ für rechtlich bedeutsam erklärt.

[4]) Die Motive, Bd. II S. 860, führen aus: auf die sog. Rechtshandlungen im weiteren Sinne oder die unmittelbar eine Rechtsänderung nach sich ziehenden vorsätzlichen Handlungen, welche keine Delikte sind, „finden nach dem Standpunkte des Entwurfes prinzipiell, anlangend ihre verbindliche Kraft für den Handelnden in Rücksicht auf Handlungsfähigkeit, die für die Rechtsgeschäfte im engeren Sinne maßgebenden Regeln Anwendung.“ Hierzu bemerkt von Liszt, die Deliktsobligationen im System des Bürgerlichen Gesetzbuchs, S. 16 f., daß die Behauptung der Motive, „nach welcher zu allen Rechtshandlungen die Geschäftsfähigkeit gefordert wird, unhaltbar ist, daß vielmehr die Frage in jedem einzelnen Falle genau untersucht und nach dem Zusammenhange der Bestimmungen entschieden werden muß.“ Das ist richtig, nur dürfte nicht sowohl „der Zusammenhang der Bestimmungen“, als vielmehr, wie oben gezeigt, das Wesen der einzelnen Rechtshandlung selbst die Lösung der Frage an die Hand geben.

[5]) Anwendungsgebiet, S. 207.

erstrebten Erfolge, das Streben nach Erreichung desselben, sowie die Erkenntnis des richtigen Mittels hierzu, setzen einen Grad geistiger Reife voraus, den man dort, wo dieser Erfolgswille nicht essentieller Bestandteil ist, wird entbehren können."

Die Scheidung zwischen den beiden erwähnten Kategorieen von Rechtshandlungen praktisch durchzuführen, ist stellenweise schwierig; für die Vermeidung von Mißständen, welche aus dieser Schwierigkeit vielleicht erwachsen könnten, hat das Gesetz in einzelnen Fällen durch positive Vorschriften selbst Sorge getragen.[1])

II. Gegen die Berücksichtigung der sogenannten „natürlichen Willensfähigkeit" der Kinder und die daraus folgende Zulassung derselben zur Vornahme reiner Rechtshandlungen wendet sich Endemann[2]) mit der Behauptung: „Nach dem BGB. kommt dem auch an sich ungenauen Begriffe der natürlichen Willensfähigkeit keine Geltung mehr zu." Hiergegen ist zu bemerken, daß nicht sowohl der Begriff an sich ungenau, als vielmehr die Unterordnung des einzelnen Tatbestandes unter diesen Begriff aus praktischen Gründen schwierig erscheint. Die natürliche Willensfähigkeit ist, wie wir sahen, die Fähigkeit, etwas rein Tatsächliches, eine sinnenfällige Veränderung der Außenwelt, zu wollen, und es kann nur im Einzelfalle Schwierigkeiten haben, das Vorhandensein eines solchen Willens zu konstatieren, weil vielfach, wie gerade beim Kinde, die mangelnde Fähigkeit zum präzisen Ausdruck des Willens Zweifel entstehen läßt darüber, ob das Tätigwerden als eine Betätigung jenes Willens oder als eine unwillkürliche Lebensäußerung sich darstellt. Dieser Umstand vermag aber die Schärfe des Begriffes offenbar nicht zu beeinträchtigen. Der Unterschied aber zwischen der Willensbetätigung und der unwillkürlichen Lebensäußerung ist keine vom Recht gesetzte Unterscheidung, und es kann deshalb nur darüber gestritten werden, ob nach diesem Unterschied auch rechtlich geschieden werden soll oder nicht. Endemann verneint diese Frage mit Rücksicht auf die vom Gesetz festgesetzte Kindesaltersgrenze.[3]) Diese Grenze aber, so scheint mir, bezieht sich lediglich auf

[1]) Solch ein Fall ist namentlich der des § 8 BGB.

[2]) Siehe Lehrbuch, Bd. I S. 127 Anm. 8.

[3]) Einen Fall, in welchem auch innerhalb dieser Grenze die Fähigkeit oder Unfähigkeit zum natürlichen Wollen eine verschiedene rechtliche Beurteilung des Kindes zur Folge hat, finden wir in der Bestimmung des § 829 BGB. Vgl. hierüber unten § 5.

denjenigen Willen, dessen Inhalt im Rechtsgebiete liegt, d. h. auf das Wollen rechtlicher, nicht rein tatsächlicher Erfolge. Mit Rücksicht auf die niedrige geistige Entwickelungsstufe der Kinder will das Gesetz die Berücksichtigung eines solchen rechtliche Erfolge umfassenden Willens der Kinder ein für allemal unmöglich machen und deshalb verbietet es allerdings die Prüfung der Frage, ob das Kind einen solchen Willen haben kann. Hieraus, und nicht, wie Endemann meint, aus einem Verbote der Berücksichtigung der „natürlichen" Willensfähigkeit, folgt, „daß der fast siebenjährige Knabe nicht ein Geschenk wirksam annehmen kann", denn der Wille des Geschenknehmers muß die rechtliche Qualifizierung der Schenkung als einer unentgeltlichen Zuwendung umfassen. Hieraus folgt auch die Unrichtigkeit der Ansicht Dernburgs,[1]) wonach auch Kinder „Eigenbesitz" erlangen, „wenn ihre Einsicht und ihr natürlicher Wille es ermöglicht, daß sie eine Sache als ihnen gehörend besitzen", denn auch hier muß der Wille ein rechtliches Moment umfassen.[2]) Ein Verbot der Berücksichtigung der natürlichen Willensfähigkeit hat das Gesetz durch die Festsetzung der Nichtigkeit der Willenserklärungen geschäftsunfähiger Personen nicht geben wollen; die gedachte Bestimmung bezieht sich vielmehr nur auf die als Rechtsgeschäft sich darstellenden Willenserklärungen.[3]) Ein Verbot der erwähnten Art hätte jedenfalls ausdrücklicher Fixierung im Gesetze bedurft.

Daß einer solchen Regelung schwerwiegende praktische Bedenken entgegenstehen, zeigt sich insbesondere darin, daß Endemann in Verfolgung seiner Anschauung dazu kommt, dem Kinde die Fähigkeit zum Besitzerwerb mit Willen abzusprechen.[4]) Diese Feststellung würde die Stellung des Kindes in einer keineswegs zweckdienlichen Weise verschlechtern, da, wie in der Reichstagskommission[5]) durchaus zutreffend bemerkt wurde, gerade die Möglichkeit solchen Besitzerwerbes dem Kinde einen gewissen Schutz biete in den Fällen, in denen ihm seine Unfähigkeit zur Vornahme auch reiner Erwerbsgeschäfte die Einnahme einer stärker

[1]) Siehe: Das Bürgerliche Recht des Deutschen Reichs und Preußens, Bd. III S. 57.

[2]) Vgl. darüber § 6.

[3]) Über das Verhältnis von Rechtsgeschäft und Willenserklärung vgl. Nr. III dieses Paragraphen.

[4]) Vgl. Lehrbuch, Bd. I S. 127 Anm. 10 und Bd. II § 37. Auf diese Frage wird später ausführlich eingegangen werden. Siehe § 6.

[5]) Bericht der RTK. S. 24. — Vgl. oben § 2.

befestigten Rechtsstellung unmöglich mache.[1]) Auch Endemann selbst scheint mir eine Berücksichtigung der natürlichen Willensfähigkeit des Kindes anzuerkennen im Falle der Geschäftsführung ohne Auftrag, was später näher zu erörtern sein wird.[2])[3])

III. Wie bereits oben[4]) angedeutet wurde, ist der neuerlich entstandene Streit über den Begriff des Rechtsgeschäfts von großer Bedeutung für die Umgrenzung des Begriffes der Rechtshandlungen und deren Abgrenzung gegenüber den Rechtsgeschäften. Es wurde auch schon darauf hingewiesen, daß der Hauptstreit sich um die Frage der Stellung der Willenserklärung zum Rechtsgeschäft dreht.[5]) So

---

[1]) Endemann, Lehrbuch, Bd. II S. 154 Anm. 7 führt hierzu aus: es „darf nicht übersehen werden, daß gerade bei Abschluß der Beratungen deutlich der Zwiespalt der Meinungen kund geworden ist. Sehr treffend wurde in der Reichstagskommission erkannt, daß alle Erörterungen über den Besitzerwerb von Kindern von dem § 104 abhingen. Und mit 9 gegen 9 Stimmen wurde abgelehnt, durch ausdrücklichen Zusatz hier den Kindern den Besitzerwerb zu gewähren, der ihnen nach Auffassung der Hälfte der Kommissionsmitglieder durch § 104, wie er jetzt lautet, versagt wird." Diese Argumentation scheint mir bedenklich: es handelt sich bei dem in Rede stehenden Antrag um die Festsetzung der Erwerbsfähigkeit der Kinder und dieser Antrag wurde zu Fall gebracht durch diejenigen 9 Kommissionsmitglieder, welche in Übereinstimmung mit den Vertretern der verbündeten Regierungen der Ansicht waren, das Kind könne auch ohne die durch den Antrag verlangte Festsetzung Besitz erwerben. „Von anderer Seite wurden freilich diese Argumente bestritten," sagt der Bericht, aber es geht aus dem Bericht keineswegs hervor, daß die 9 Anhänger des Antrags sämtlich durch diese gegenteilige Anschauung geleitet wurden; es ist vielmehr sehr möglich, wenn nicht wahrscheinlich, daß auch ein Teil dieser Mitglieder glaubte, es stehe auch ohne die Annahme ihres Antrages die Besitzerwerbsfähigkeit des Kindes fest, es sei aber trotzdem, anders als die Gegner des Antrags meinten, eine Erweiterung dieser Fähigkeit zur allgemeinen Erwerbsfähigkeit wünschenswert.

[2]) Siehe unten § 7.

[3]) Vgl. für das Gemeine Recht: Windscheid, Pandekten, Bd. I § 155 Anm. 13: „Besonderes gilt für Kinder. Der Satz, daß sie auch physisch willensunfähig sind, ist gerade in der Lehre vom Besitzerwerb nicht streng durchgeführt worden."

[4]) Siehe § 2.

[5]) Vgl. über den Stand dieser Frage namentlich: Isay, Die Willenserklärung im Tatbestande des Rechtsgeschäfts, und: Hellmann, Zur Lehre von der Willenserklärung nach bürgerlichem Rechte (Jherings Jahrbücher, Bd. 42 S. 413 ff.).

eliminiert Manigk[1]) die Willenserklärung überhaupt aus dem Tatbestande des Rechtsgeschäfts, indem er sagt: „Der Erfolgswille allein, nicht seine Erklärung, ist dem Rechtsgeschäft essentiell." Aus dieser Anschauung heraus kommt Manigk zu einer Einteilung der Rechtsgeschäfte in „Erklärungsgeschäfte" und „Willensgeschäfte".[2]) Bezüglich der Behandlung dieser Willensgeschäfte meint Manigk[3]), „daß man nicht gezwungen ist, für die Fähigkeit zur Vornahme eines Willensgeschäfts andere Normen aufzustellen, als sie im Gesetz für die Erklärungsgeschäfte gegeben sind. Beiden Kategorieen der Rechtsgeschäfte wohnt im Gegensatz zu den Rechtshandlungen i. e. S.[4]) derselbe Kern inne; in beiden Fällen muß der Handelnde einen Erfolgswillen haben. Es werden daher für die Fähigkeit zur Vornahme eines Willensgeschäfts dieselben Anforderungen gestellt werden müssen, wie sie für die Erklärungsgeschäfte gestellt werden. Beide Geschäftsarten sind Akte der Privatautonomie, durch die sich das Rechtssubjekt seine Verhältnisse selbst gestalten soll.[5]) Dazu sind die Geschäftsunfähigen des § 104 nicht imstande. Es wird daher der § 105, der die „Willenserklärung" eines Geschäftsunfähigen für nichtig erklärt, auf die Willensgeschäfte analog anzuwenden sein." Manigk[6]) meint ferner, daß der Gegensatz zwischen den „Rechtsgeschäften" und den „Rechtshandlungen i. e. S." verloren gehe, „wenn man die Willensgeschäfte aus der

---

[1]) Vgl. Anwendungsgebiet, S. 19, 20. Manigk definiert die Rechtsgeschäfte als „vom objektiven Rechte normierte, juristische Handlungen, durch die der Parteiwille seinem Interesse dienende, privatrechtliche Wirkungen verursachen kann."

[2]) Anwendungsgebiet, S. 36, 53.

[3]) Anwendungsgebiet, S. 208.

[4]) Das sind in unserem Sinne die reinen Rechtshandlungen.

[5]) Mit diesem Kriterium der Privatautonomie zu operieren, halte ich für gefährlich. Manigk a. a. O. S. 187 führt diesen Gedanken näher dahin aus: „Die Rechtshandlungen dienen ... der Privatautonomie gar nicht. Sie sollen kein Mittel zur Erzeugung von Rechtswirkungen sein, ... sondern die Rechtsordnung verfolgt mit den Rechtshandlungen eigene Zwecke, die ihren letzten Grund freilich wieder in allgemeiner Rücksicht auf die Rechtssubjekte haben; jedoch fragt die Rechtsordnung hier nicht danach, ob die sich an eine solche Handlung anschließenden Wirkungen den Beteiligten im speziellen Falle erwünscht sind." Diese Anschauung erscheint mir bedenklich angesichts der Tatsache, daß Manigk a. a. O. S. 185 selbst z. B. den Besitzerwerb, d. h. die Einnahme einer stark geschützten rechtlichen Position, zu diesen so charakterisierten Rechtshandlungen i. e. S. zählt.

[6]) Anwendungsgebiet, S. 184 f.

Kategorie der Rechtsgeschäfte aus dem formalen Grunde ausstößt, weil sie sich nicht ganz denselben Normen unterstellen ließen, wie die bisher allein als Rechtsgeschäfte anerkannten Erklärungsgeschäfte. Es empfiehlt sich also auch aus Gründen der scharf-logischen Systematik, den Begriff des Rechtsgeschäfts ohne jede formale Rücksicht zu erweitern und den Kern desselben, wie es auch die Motive tun, im Erfolgswillen als solchem zu erblicken. Erst dann ist jener Gegensatz zwischen „Rechtsgeschäften" und „Rechtshandlungen" gewonnen und vollständig. Mit der Aufstellung und Durchführung dieses begrifflichen Gegensatzes wird in der Wissenschaft der Anfang dazu gemacht werden, in die Systematik und Behandlung der juristischen Handlungen mehr Licht zu bringen."

Der Unterschied dieser Anschauung Manigks zu der hier vertretenen liegt also im wesentlichen darin, daß Manigk die in der Mitte zwischen den reinen Rechtsgeschäften und den reinen Rechtshandlungen stehenden Handlungen als besondere Klasse der Rechtsgeschäfte betrachtet wissen will, während ich sie als besondere Klasse den Rechtshandlungen zuzähle. Vom Standpunkte der „scharf-logischen Systematik" dürften an sich beide Anschauungen gleiche Berechtigung haben. Für die letztere spricht aber folgendes: wie Manigk[1]) selbst anerkennt, verlangen die von ihm als Rechtsgeschäfte betrachteten sogenannten Willensgeschäfte eine andere Behandlung als die übrigen Rechtsgeschäfte, wenn auch im allgemeinen die Bestimmungen über Willenserklärungen analoge Anwendung finden. Die Folge davon ist eine Zweiteilung der Rechtsgeschäfte. Rechnet man dagegen mit der hier vertretenen Anschauung die streitigen Tatbestände zu den Rechtshandlungen, so ergibt sich die angeführte Zweiteilung der Rechtshandlungen in rechtsgeschäftliche und reine Rechtshandlungen, und dieses Resultat erscheint gerade aus systematischen Rücksichten als das bessere, angesichts der dadurch erzielten schärferen und zweifelsfreieren Umgrenzung des Begriffs der Rechtsgeschäfte.

In diesem Sinne hielten es auch die Motive[2]) für nötig, eine ausdrückliche Definition der Rechtsgeschäfte zu geben, während sie mit Beziehung auf die Rechtshandlungen bemerken: „Allgemeine Vorschriften über Rechtshandlungen sind nicht aufgestellt. Insbesondere ist von einer Übertragung der für Rechtsgeschäfte gegebenen Vorschriften

[1]) Anwendungsgebiet, S. 188.

[2]) Siehe Bd. I S. 126 f. Vgl. auch oben § 2.

abgesehen, in so weitem Umfange dieselben auch passen mögen. Es erscheint angemessener, diejenigen dieser Vorschriften, deren Anwendung im einzelnen Falle von besonderem Belange ist, ausdrücklich für anwendbar zu erklären bezw. Vorschriften aufzunehmen, welche inhaltlich mit den betreffenden Normen übereinstimmen, und bezüglich der Anwendbarkeit der übrigen Normen die Entscheidung der Wissenschaft anheimzustellen." Auch die Motive also hielten in erster Linie eine scharfe Abgrenzung des wichtigen Gebietes der Rechtsgeschäfte für erforderlich, und betrachteten die Behandlung der Rechtshandlungen als eine cura geringeren Grades, die sie der wissenschaftlichen Auslegung überlassen zu dürfen glaubten. Das Gesetz wollte diese Rechtshandlungen durch keinen anderen Gesichtspunkt, als den der mangelnden Rechtsgeschäftsqualität, zusammengefaßt wissen, und deshalb erscheint es unbedenklicher, innerhalb dieses Gebietes der Rechtshandlungen verschiedene Klassen zu konstruieren, als einen einheitlichen Begriff der Rechtshandlung festzustellen auf Kosten der Reinheit des Begriffes des Rechtsgeschäfts.

Wir identifizieren deshalb „Rechtsgeschäft" und „Willenserklärung" [1]) und lassen eine Scheidung eintreten zwischen den reinen Rechtshandlungen einerseits, und andererseits denjenigen, auf welche die Vorschriften über Rechtsgeschäfte zum Teil analoge Anwendung finden. Mit Recht weist Manigk [2]) selbst darauf hin, daß man „aus der Anwendbarkeit der in einer Rechtsordnung für die „Rechtsgeschäfte" gegebenen Vorschriften auf eine zweifelhafte Handlung" niemals sicher auf die Rechtsgeschäftsqualität dieser Handlung schließen könne.

Praktisch handelt es sich bei dieser ganzen Streitfrage nur darum, ob eine gewisse Reihe von Betätigungen eines rechtliche Beziehungen umfassenden Willens zu den Rechtsgeschäften oder zu den Rechtshandlungen gezählt werden soll. [3]) Beide Anschauungen wollen aber bei

---

[1]) Es soll dies selbstverständlich nur bedeuten, daß jedes Rechtsgeschäft sich als Willenserklärung darstellt; außerdem gibt es natürlich Willenserklärungen, die keine Rechtsgeschäfte und überhaupt nicht rechtlich erheblich sind.

[2]) Anwendungsgebiet, S. 211.

[3]) Zu der oben vertretenen Anschauung bekennen sich namentlich: Endemann, Lehrbuch, Bd. I S. 270ff.; Leonhard, Allg. Teil, S. 253, der die „Willensgeschäfte" Manigks als „Rechtsgeschäfte im weiteren Sinne" bezeichnet, sie aber selbst offenbar nicht als eigentliche Rechtsgeschäfte betrachtet (vgl. Anm. 1 a. a. O.). Ferner: Enneccerus, Bürgerliches Recht, Bd. I S. 124, 128; Matthiaß, Lehrbuch, Bd. I S. 150ff.; Crome, System, Bd. I S. 321ff.; Rehbein, Kommentar, Bd. I S. 101; Cosack, Lehrbuch, Bd. I S. 145ff.

der Behandlung dieser Grenzfälle die Vorschriften über rechtsgeschäftliche Willenserklärungen in Anwendung bringen, woraus sich ergibt, daß der ganze Streit fast nur terminologische Bedeutung hat.[1])

IV. Aus der gegebenen Artunterscheidung der Rechtshandlungen folgt, daß tatsächlich die hier in Betracht kommenden Bestimmungen zum Schutze des Jugendlichen je nach der Zugehörigkeit der betreffenden Rechtshandlungen zu der einen oder anderen Kategorie auf einem anderen inneren Grunde beruhen.[2]) Zu der Vornahme einer rechtsgeschäftlichen Rechtshandlung ist das Kind nicht fähig, weil es etwas Rechtliches nicht wollen kann, und die Feststellung dieser Tatsache bedeutet einen genügenden Schutz des Kindes. Anders ist es bei den reinen Rechtshandlungen, an deren Vornahme man das Kind tatsächlich nicht hindern kann. Hier muß im Falle der Notwendigkeit eines Schutzes durch eine besondere Vorschrift bestimmt werden, daß die von einem Kinde vorgenommene Rechtshandlung nicht die solchen Handlungen im allgemeinen beigelegten Rechtsfolgen erzeugen kann; mangels einer solchen Bestimmung muß festgestellt werden, daß das Gesetz für den betreffenden Fall dem Kinde einen Schutz gegen die Folgen seines eigenen Handelns nicht hat gewähren wollen.

Da das Gesetz weder eine Begriffsbestimmung der Rechtshandlung, noch auch besondere allgemeine Vorschriften für diese Klasse der rechtserheblichen Handlungen gibt, so muß die Zugehörigkeit der fraglichen Handlung zu dieser oder jener Kategorie und ihre daraus folgende Behandlung im einzelnen Falle festgestellt werden. Es ist dies aber nicht leicht und insonderheit sind die Grenzen zwischen Rechtsgeschäften und Rechtshandlungen einerseits, sowie die zwischen rechtsgeschäftlichen und reinen Rechtshandlungen andererseits flüssig.

---

[1]) Dies ergibt sich auch aus dem Umstand, daß, wie wir später sehen werden, die Ergebnisse der hier vertretenen Anschauung mit denen Manigks völlig übereinstimmen.

[2]) Der äußere Grund ist in allen Fällen das Bestreben, dem schwachen Jugendlichen einen wirksamen Schutz zu teil werden zu lassen. Dieses Bestreben kann natürlich zu willkürlich erscheinenden Sonderbestimmungen führen, deren Einfügung in das System und deren Beziehung zu den allgemeinen Grundsätzen schwierig, wenn nicht unmöglich erscheint. Führt ein hierauf gerichteter Versuch zu einem befriedigenden Ergebnis, so ist neben dem wesentlichen äußeren Grund eine innere Berechtigung der fraglichen Vorschrift festgestellt, und das soll für die einzelnen Fälle der Rechtshandlungen versucht werden.

In der Kommission für die zweite Lesung wurde die Frage nach einer entschiedeneren Abgrenzung der Begriffe des Rechtsgeschäfts und der Rechtshandlung erörtert.[1]) Insonderheit wurde beantragt, den Ausdruck „Geschäftsfähigkeit" durch „Handlungsfähigkeit" zu ersetzen und diesem Begriffe einen umfassenderen Inhalt zu geben derart, daß man an Stelle der Bestimmungen über „Rechtsgeschäfte" solche über „Geschäfte und Rechtshandlungen (mit Ausschluß der Delikte und der schuldhaften Nichterfüllung von Verbindlichkeiten)" setzte. Durch diese Regelung wäre man dem oben entworfenen System der Rechtshandlungen näher gekommen. Diejenigen Rechtshandlungen nämlich, welche nach dem Sinne des Antrages den gemeinsamen Vorschriften für Geschäfte und Rechtshandlungen nicht unterstellt werden sollten, bilden die hauptsächlichsten und wichtigsten Kategorieen der reinen Rechtshandlungen; bei den Delikten oder unerlaubten Handlungen nämlich und der ihnen nahestehenden schuldhaften Nichterfüllung von Verbindlichkeiten ist die rechtliche Bedeutsamkeit des Handelns nicht bedingt durch das Vorhandensein eines auf rechtliche Beziehungen sich richtenden Willens auf seiten des Handelnden, und deshalb verlangt diese Kategorie der Rechtshandlungen auch unter allen Umständen eine andere Behandlung, als die Rechtsgeschäfte, deren rechtliche Bedeutsamkeit von dem Vorhandensein des auf Herbeiführung eines rechtlichen Erfolges gerichteten Willens abhängig ist. Die vorgeschlagene Gleichstellung der Rechtshandlungen mit den Geschäften würde sich also — wenn man von einigen ebenfalls darunter begriffenen reinen Rechtshandlungen absieht[2]) — im wesentlichen beziehen auf die von dem Vorhandensein rechtsgeschäftlichen Willens abhängigen rechtsgeschäftlichen Rechtshandlungen und der Erfolg wäre der, daß eine gleiche Behandlung statt hätte einerseits derjenigen Willensbetätigungen, deren rechtlicher Erfolg eintritt, weil er gewollt ist (Rechtsgeschäfte), und andererseits derjenigen, deren rechtlicher Erfolg eintritt, weil ein rechtsgeschäftlicher Wille vorhanden ist (rechtsgeschäftliche Rechtshandlungen).

Die Folge dieser Regelung für die Stellung des Kindes würde seine gänzliche Unfähigkeit zur Vornahme von Rechtsgeschäften und rechtsgeschäftlichen Rechtshandlungen gewesen sein, was im wesentlichen tatsächlich dem aus der sinngemäßen Verwendung der Begriffe erzielten,

[1]) Siehe Protokolle, Bd. I S. 53f.

[2]) Z. B. der Besitzerwerb.

oben festgestellten Resultat entspricht. Da die beantragte Regelung Billigung nicht gefunden hat, kann man nunmehr nur auf dem Wege der Analogie die gleichartige Behandlung von Rechtsgeschäften und Rechtshandlungen erzielen. Auf diesen Weg verweisen auch die Erwägungen, welche die Mehrheit der Kommission bewogen haben, den Antrag abzulehnen. Es waren Erwägungen mehr äußerlicher Natur:[1] „Gegenüber der zu Gunsten des Antrags geltend gemachten Erwägung, daß der Entwurf durch die Beschränkung seiner Vorschriften auf Rechtsgeschäfte genötigt werde, einen ganz bestimmten Begriff des Rechtsgeschäfts zwar nicht ausdrücklich, aber doch mittelbar der Wissenschaft vorzuschreiben, war man der Meinung, daß der Entwurf gerade durch diese Einschränkung seiner Bestimmungen der Wissenschaft die Freiheit wahre, die Anwendbarkeit dieser Normen auf anderweitige Rechtshandlungen, soweit nicht besondere Vorschriften gegeben seien, nach der Natur der einzelnen Handlung zu bestimmen. Eine ganz allgemeine Regelung der Fähigkeit zu Handlungen aller Art sei nicht möglich, wie denn auch der Antrag 1b die Delikte und die Verletzung obligatorischer Verpflichtungen ausscheiden wolle; aber auch für den hiernach verbleibenden Rest rechtlich erheblicher Handlungen empfehle es sich nicht, die Fähigkeit durch positive Vorschrift einheitlich zu regeln."

V. Auch die Rechtshandlungen lassen sich, wie die Rechtsgeschäfte, scheiden je nach ihrem rechtlichen Erfolge in solche, welche dem Handelnden lediglich rechtlichen Vorteil bringen, und solche, bei denen dies nicht der Fall ist. Wie wir gesehen haben, ist bei den Rechtsgeschäften die Art der durch sie hervorgerufenen Beeinflussung des Rechtsgüterstandes des beteiligten Kindes insofern gleichgültig, als dieses zum rechtsgeschäftlichen Wollen und damit zur Vornahme eines Rechtsgeschäftes schlechthin unfähig erscheint; dasselbe gilt vermöge der analogen Anwendung der für die Rechtsgeschäfte geltenden Vorschriften auch für die rechtsgeschäftlichen Rechtshandlungen. Anders ist dies bei den reinen Rechtshandlungen, zu deren Vornahme an sich auch das Kind fähig ist, weil es bei ihnen des Vorhandenseins eines rechtsgeschäftlichen Willens nicht bedarf. Wollte man also auch hier, wie bei den Rechtsgeschäften und den rechtsgeschäftlichen Rechtshandlungen, den allgemeinen Prinzipien treu bleiben, so müßte man zulassen, daß das Kind sich durch die Vornahme einer reinen Rechts-

[1]) Siehe Protokolle, Bd. I S. 55.

handlung selbst schädigt; da man dies aber nicht allgemein hat zulassen wollen, so mußte man dem Kinde durch positive, den allgemeinen Grundsätzen widerstreitende Sondervorschriften einen Schutz gewähren.[1]) Eine solche Durchbrechung des Prinzips war aber andererseits nicht nötig, wenn man, wie es tatsächlich geschehen ist, dem Kinde die Erlangung eines rechtlichen Vorteils aus einer reinen Rechtshandlung ermöglichen wollte.[2])

Wollte man dagegen dieses letztere Resultat für die Rechtsgeschäfte und die rechtsgeschäftlichen Rechtshandlungen erzielen, so hätte es einer Außerkraftsetzung allgemeiner Grundsätze bedurft. Wäre man hierin den oben besprochenen, in der Reichstagskommission gegebenen Anregungen in dieser Richtung gefolgt, so würden wir das folgende Bild erhalten haben:

Erster Grundsatz: Ein Kind kann Rechtsgeschäfte und rechtsgeschäftliche Rechtshandlungen nicht vornehmen.

Ausnahme: Bringt ein Rechtsgeschäft oder eine rechtsgeschäftliche Rechtshandlung lediglich rechtlichen Vorteil, so soll das Kind dieses Rechtsgeschäft oder diese rechtsgeschäftliche Rechtshandlung vornehmen können.

Zweiter Grundsatz: Ein Kind kann reine Rechtshandlungen vornehmen.

Ausnahme: Bringt eine reine Rechtshandlung nicht lediglich rechtlichen Vorteil, so soll das Kind diese Rechtshandlung nicht wirksam vornehmen können.

Auf Grund dieses inneren Zusammenhanges würde dann folgendes Ergebnis in die Erscheinung getreten sein: Ein Kind ist fähig nur zur Vornahme solcher Rechtsgeschäfte und Rechtshandlungen, welche ihm lediglich rechtlichen Vorteil bringen.

II. Einzelne Rechtshandlungen.

§ 5.

1. Die unerlaubten Handlungen.

I. Die wichtigste Kategorie der reinen Rechtshandlungen ist die der unerlaubten Handlungen. „Die unerlaubten Handlungen,“

[1]) Vgl. z. B. § 828 Abs. 1 BGB.

[2]) Vgl. den Fall des Besitzerwerbs.

sagt Matthiaß[1]) in unserem Sinne, „unterscheiden sich als juristische Handlungen von den Rechtsgeschäften dadurch, daß die rechtliche Wirkung an sie geknüpft wird ohne Rücksicht auf den die rechtliche Wirkung erstrebenden Willen und nur mit Rücksicht auf die Rechtswidrigkeit. Von anderen erlaubten Rechtshandlungen scheidet die unerlaubte Handlung ihre Rechtswidrigkeit.“ Wir verstehen aber unter der unerlaubten Handlung im weitesten Sinne den objektiv rechtswidrigen Eingriff in die Rechtsgütersphäre eines anderen.

Jeder solche Eingriff verpflichtet den Handelnden zum Ersatze des entstandenen Schadens.[2]) Dieses Entstehen einer Schadensersatzpflicht bedeutet aber unter allen Umständen eine Beeinträchtigung des Rechtsgüterstandes des Handelnden, und da man das Kind an der Vornahme eines solchen Eingriffes nicht unbedingt hindern kann,[3]) bedarf es der Festsetzung besonderer Vorschriften, welche in Modifizierung der allgemein gültigen Grundsätze die schädlichen Folgen von dem Kinde abwenden. Eine solche ausdrückliche Schutzbestimmung findet sich in § 828 Abs. 1 BGB., welcher sagt:

„Wer nicht das siebente Lebensjahr vollendet hat, ist für einen Schaden, den er einem anderen zufügt, nicht verantwortlich.“

Es wird hierdurch also bestimmt, daß die Vornahme einer Handlung, welche nach den Grundsätzen der §§ 823 ff. BGB. den Handelnden zum Schadensersatz verpflichtet und ihm dadurch einen Nachteil bringt, diese schädlichen Folgen für den Handelnden dann nicht haben soll, wenn der letztere noch nicht sieben Jahre alt ist. Einem Kinde, das durch einen Steinwurf einen Menschen verletzt oder eine Fensterscheibe zertrümmert, können auf Grund des § 823 keine Verpflichtungen er-

---

[1]) Lehrbuch, Bd. I S. 244.

[2]) Vgl. Endemann, Lehrbuch, Bd. I S. 908: „Die Schadensersatzpflicht wird als Schutzmittel bei jedem Eingriff in die befriedete Rechtssphäre des einzelnen auferlegt. „Befriedet“ bedeutet den Umkreis der gesamten nach bürgerlichem Rechte anerkannten und vollzogenen Rechtsmacht; „befriedete Rechtssphäre“ den Inbegriff der einem Rechtssubjekte civilrechtlich zustehenden und ihm bereits erworbenen Rechtsgüter.“

[3]) Im Strafrecht, wo diese Frage bei dem Notwehrbegriff wesentliche Bedeutung gewinnt, wird die Möglichkeit eines solchen Angriffes von seiten eines Kindes bestritten; vgl. hierüber die Literaturangaben bei von Liszt, Lehrbuch des Strafrechts, § 32, der sich seinerseits auf den hier vertretenen Standpunkt stellt. Seine Berechtigung für das Bürgerliche Recht scheint mir vornehmlich aus § 829 zu folgen, was später näher ausgeführt werden wird.

wachsen,[1]) weil es nach § 828 für den angerichteten Schaden nicht verantwortlich ist. Eine unerlaubte Handlung im weitesten Sinne,[2]) d. h. ein objektiv rechtswidriger Eingriff in die Rechtsgütersphäre eines anderen liegt auch hier vor, aber die Schwäche des Kindes fordert eine Sonderbestimmung in der gedachten Richtung.

Dieser Schutzgedanke ist jedoch nur der äußere Grund; den inneren zeigt uns die Verknüpfung der Sonderbestimmung des § 828 BGB. mit dem System der unerlaubten Handlungen. Die erwähnte Vorschrift bezieht sich nämlich nur auf die unerlaubten Handlungen im engeren Sinne, nämlich den durch vorsätzliches oder fahrlässiges Handeln bewirkten rechtswidrigen Eingriff in fremde Rechtsgüter. Bezüglich des Schutzes des Kindes ist diesen beiden Kategorieen der unerlaubten Handlungen aus mehrfachen Gründen eine verschiedene Behandlung im Gesetze zu teil geworden.

II. In den Fällen, in denen die Ersatzpflicht nicht abhängig ist von dem vorsätzlichen oder fahrlässigen Handeln einer Person, kommt die Bestimmung des §. 828 BGB. nicht in Betracht und daraus folgt, daß auch das Kind auf solche Weise zum Schadensersatz verpflichtet werden kann.[3]) Diese Fälle sind, soweit sie hier in Betracht kommen, die der §§ 833 bis 838 BGB.

Es ist also zunächst auch ein Kind verantwortlich für den Schaden, den ein von ihm gehaltenes Tier durch Tötung oder Verletzung eines Menschen oder durch Beschädigung einer Sache anrichtet.[4]) Für die Entstehung der Ersatzpflicht ist hier lediglich maßgebend das Halten des Tieres und außer Betracht bleibt die Tatsache, daß das Kind vermöge seiner geringen geistigen Reife nicht übersehen kann, was das Halten eines Tieres bedeutet und welche allgemeinen Verpflichtungen es dem Herren auferlegt. Verpflichtungserzeugend ist

[1]) Vgl. aber die später zu besprechende Ausnahme des § 829 BGB.

[2]) Wir werden später sehen, daß sich das gekennzeichnete Verhalten des Kindes auch als unerlaubte Handlung im engeren Sinne, d. h. als Eingriff durch vorsätzliches Handeln darstellt. Vgl. hierüber Nr. III dieses Paragraphen.

[3]) Derselben Meinung: Endemann, Lehrbuch, Bd. I S. 918; Enneccerus-Lehmann, Lehrbuch, Bd. I S. 782; Dernburg, Bürgerliches Recht, Bd. II, Teil II S. 649; Staudinger, Kommentar, Bd. II S. 719; Linckelmann, Die Schadensersatzpflicht aus unerlaubten Handlungen, S. 87; Isay, Die Verantwortlichkeit des Eigentümers für seine Tiere (Jherings Jahrbücher, Bd. 39), S. 300 ff.

[4]) §. 833 BGB.

lediglich die objektive Rechtswidrigkeit der Beschädigung, d. h. die Tatsache, daß der Eingriff rechtlich geschützte Interessen eines anderen verletzt.[1]) Aus dem gleichen Grunde ist das Kind auch gegen die Verpflichtung zum Ersatze von Wildschaden nicht geschützt; diese Haftung liegt ihm ob, sobald es Jagdberechtigter ist.[2])

Demgegenüber vertritt von Liszt[3]) — allerdings ohne Begründung — die Anschauung, daß auch für diese Fälle nichtdeliktischer Haftung Deliktsfähigkeit des Beteiligten erfordert werden müsse. Wollte man dem beistimmen, so würde man sagen müssen: dem Kinde erwächst nach § 828 Abs. 1 keine Ersatzpflicht. Die Anwendbarkeit der auch den Unverantwortlichen zu beschränktem Ersatze verpflichtenden Bestimmung des § 829 aber, welche von Liszt behauptet, ist nach dem klaren Wortlaute dieser Bestimmung ganz zweifellos ausgeschlossen, denn § 829 spricht nur von einem „der in den §§ 823 bis 826 bezeichneten Fälle." Die Folge davon würde sein, daß ein Kind als Halter eines Tieres u. s. w. überhaupt nicht ersatzpflichtig werden könnte. Man würde also gut tun, bei jeder Begegnung mit einem Hunde festzustellen, ob er von einer deliktsfähigen Person gehalten wird; ist dies nicht der Fall, so wird es sich empfehlen, den

[1]) Vgl. von Liszt, Lehrbuch, § 31. — Siehe auch Isay, Verantwortlichkeit für Tiere, S. 305: „Der Tierhalter haftet, nicht weil er im speziellen Falle ein Verschulden begangen, sondern bloß deshalb, weil er das Tier hält. In diesem Halten liegt aber nicht etwa ein allgemeines Verschulden. Eine derartige Auffassung mag bei dem Halten von gefährlichen Tieren . . . gerechtfertigt sein; beim Halten von Haustieren ist sie schlechterdings unmöglich. Denn wenn es schon bedenklich erscheint, in die Beurteilung der Verantwortlichkeit für Haustiere den Gesichtspunkt der Gefährdungshaftung hineinzutragen, so entspricht es erst recht weder den Verhältnissen des Lebens noch der Rechtsanschauung des Volkes, den bloßen Besitz von Hunden, Schafen, Kühen, Ziegen, Hühnern, Enten, Gänsen oder Tauben als ein civilrechtliches Delikt zu behandeln." — Mit dem Gesichtspunkt der Gefährdung operiert demgegenüber Rümelin, Gründe der Schadenszurechnung, S. 64 f., S. 79 f.

[2]) Praktisch in Betracht kommen wird hier z. B. der Abs. 3 des § 835: „Sind die Eigentümer der Grundstücke eines Bezirkes zum Zwecke der gemeinschaftlichen Ausübung des Jagdrechts durch das Gesetz zu einem Verbande vereinigt, der nicht als solcher haftet, so sind sie nach dem Verhältnisse der Größe ihrer Grundstücke ersatzpflichtig." Gerade hier kann das Kind als Eigentümer eines Grundstückes kraft Gesetzes Verbandsmitglied und als solches jagdberechtigt sein. Die Tatsache, daß das Kind nach landesgesetzlichen Jagdpolizeibestimmungen die Jagd nicht ausüben darf, kommt hier natürlich nicht in Betracht.

[3]) Siehe Deliktsobligationen, S. 107.

Hund in großem Bogen zu umgehen. So etwas kann das Gesetz nicht gewollt haben; der Wortlaut des § 829 beweist vielmehr, daß dem Kinde in Bezug auf das Halten eines Tieres u. s. w. ein besonderer Schutz nicht gewährt werden soll.[1])

Man könnte nun vielleicht einwenden, daß ja in den erwähnten Fällen das schadendrohende Moment überhaupt nicht in einem Handeln des Kindes liegt, da die zum Ersatze verpflichtende Schädigung eines anderen ohne Zutun des Kindes erfolgt, und daß daher die Betrachtung dieser Fälle der unerlaubten Handlung im weiteren Sinne nicht in den Kreis dieser Erörterung gehört. Dies ist allerdings insofern richtig, als ohne jenes von einem Handeln des Ersatzpflichtigen unabhängiges Eintreten des schädigenden Ereignisses eine Ersatzpflicht nicht entstehen kann. Andererseits besteht aber auch ein gewisser Zusammenhang zwischen einem Tätigwerden des Ersatzpflichtigen und der eingetretenen Schädigung in der Art, daß das Halten eines Tieres u. s. w. nicht ohne ein Handeln des Betreffenden in die Erscheinung treten kann; und dieses Handeln kann nicht hinweggedacht werden, ohne daß auch der Erfolg der Schädigung und des wiederum aus dieser folgenden Entstehens einer Ersatzpflicht entfallen müßte; es ist also durch das Handeln eine Bedingung für den Erfolg gesetzt worden.[2]) In dem Handeln liegt also eine Gefährdung des Rechtsgüterstandes des Handelnden.[3]) Soll hier das Kind wahrhaft wirksam geschützt werden, so muß ihm schon jene Gefährdung seiner eigenen Interessen unmöglich gemacht werden. Es

---

[1]) Es erhebt sich auch ferner die Frage, in welcher Weise von Liszt den § 827 anwenden will, dessen Gültigkeit für diese Fälle er unmöglich bestreiten kann, wenn er den nur unter Voraussetzung des Vorhandenseins der Tatbestände der §§ 827, 828 in Kraft tretenden § 829 für anwendbar erklärt. Soll ich für den durch meinen Hund angerichteten Schaden nur nach Maßgabe des § 829 verantwortlich sein, falls ich zur Zeit der Schädigung in Morpheus' Armen ruhte, also „im Zustande der Bewußtlosigkeit" mich befand?

[2]) Die umstrittene Frage, ob dieses Setzen einer Bedingung für den Erfolg gleichbedeutend ist mit der Verursachung des Erfolges, braucht hier, wie leicht ersichtlich, nicht angeschnitten zu werden. Vgl. darüber von Liszt, Deliktsobligationen, S. 68 ff.

[3]) Eine solche Gefährdung kann herbeigeführt werden auch durch ein Handeln, welches zunächst nur Vorteil verspricht, wie z. B. die Annahme einer reinen Schenkung, und das war ja, wie wir oben sahen, ein wesentlicher Umstand, welcher es nicht angängig erscheinen läßt, die Geschäftsunfähigkeit des Kindes zu beschränken auf solche Geschäfte, welche „nicht lediglich Vorteil bringen."

muß also dem Kinde ein vorbeugender Schutz zu teil werden und ein solcher ist ihm gewährt dadurch, daß ihm die Vornahme der zur Schaffung des schadendrohenden Zustandes führenden Handlung unmöglich gemacht ist, daß also überall nur die verantwortliche Fürsorge des gesetzlichen Vertreters die Herbeiführung eines solchen Zustandes vermitteln kann. Den Zustand des Haltens eines Tieres und der Jagdberechtigung kann nur der gesetzliche Vertreter für das Kind herbeiführen; ist jedoch dieser Zustand hergestellt, so haftet das Kind, weil es sich hier um eine unerlaubte Handlung im weitesten Sinne, d. h. um einen nur objektiv rechtswidrigen Eingriff in den Rechtsgüterstand eines anderen handelt.

Die aufgestellte Behauptung, daß jene Zustände nur durch den gesetzlichen Vertreter hergestellt werden können, bedarf noch einer kurzen Begründung. Ohne weiteres einleuchten dürfte dies für den Fall des Erwerbs der Jagdberechtigung; hier muß der gesetzliche Vertreter unter allen Umständen tätig werden, denn ob es sich um einen Erwerb durch Rechtsgeschäft unter Lebenden oder um einen solchen im Erbgange handelt, ob die Jagdberechtigung als selbständiges Recht oder als essentieller Bestandteil eines dinglichen Rechtes an einem Grundstücke sich darstellt — die selbständige Begründung jenes Zustandes ist dem Kinde unmöglich. Nicht ganz so zweifellos erscheint dies bei dem Halten eines Tieres, da hier noch nicht unbestritten feststeht, ob zu der Schaffung dieses Zustandes Eigenbesitz oder auch einfacher Besitz des Halters erforderlich ist, oder ob nicht vielleicht eine rein tatsächliche Beziehung des Halters zu dem Tiere genügt. Ich möchte Eigenbesitz des Halters erfordern deshalb, weil nur diese Feststellung eine vernünftige Beschränkung der Haftung aus § 833 nach dem beteiligten Personenkreise zuläßt.[1]) In diesem Falle erscheint auch der Schutz des Kindes intensiver, weil das Kind Eigenbesitz an einem Tiere nicht selbständig erwerben kann.[2])

---

[1]) Derselben Meinung Isay, Verantwortlichkeit für Tiere, S. 315ff. — Anderer Ansicht anscheinend Linckelmann, Schadensersatzpflicht, S. 86: „Der Ausdruck „Halten eines Tieres“ ist kein juristisch-technischer Ausdruck, dieser Ausdruck ist der Sprache des gewöhnlichen Lebens entnommen und bezeichnet eine tatsächliche Beziehung zwischen einer Person und einem Tiere.“ Ähnlich Endemann, Lehrbuch, Bd. I S. 918 Anm. 7: die Tatsache des Haltens des Tieres entscheidet. „Es ist gleichgültig, ob der Tierhalter zugleich Eigentümer, oder ob er Besitzer, Nießbraucher, Mieter, Entleiher 2c. ist.“

[2]) Vgl. unten § 6.

In der wesentlichen Bedeutung dieses vorbeugenden Schutzes liegt auch die Erklärung für die Tatsache, daß man dem Kinde einen besonderen Schutz gegen die gedachten schädlichen Folgen durch deren radikale Beseitigung nicht gewähren zu müssen glaubte. Wir unterscheiden also auch hier wieder einen inneren und einen äußeren Grund für die Stellungnahme des Gesetzes, wonach auch einem Kinde in den erwähnten Fällen eine Ersatzpflicht erwachsen soll. Der innere Grund liegt darin, daß die Ersatzpflicht sich knüpft an den Eintritt des Schadens ohne Rücksicht darauf, daß der Schadensersatzpflichtige nicht tätig war; der äußere Grund für die Verweigerung eines besonderen Schutzes findet sich in dem Umstande, daß schon die Unfähigkeit des Kindes zum rechtlichen Wollen es ihm unmöglich macht, einen schadendrohenden Zustand der geschilderten Art selbständig herzustellen.

Eine besondere Betrachtung verlangt noch die Beziehung des Kindes zu dem Tatbestande der §§ 836 ff. BGB., Schädigung durch Einsturz eines Gebäudes 2c., welches sich im Eigenbesitze des Kindes befindet. Hier ist das in der „fehlerhaften Errichtung oder mangelhaften Unterhaltung" des Gebäudes zum Ausdruck kommende Moment der subjektiven Beziehung des Eigenbesitzers zu dem schädigenden Ereignis von Bedeutung.[1]) Eine Haftung des Kindes als Eigenbesitzer wird hier einfach deshalb nicht eintreten können, weil das Kind angesichts seiner Geschäftsunfähigkeit faktisch nicht in der Lage ist, die zur Abstellung jener baulichen Mängel nötigen Schritte zu unternehmen. Rein objektiv hat es allerdings „die im Verkehr erforderliche Sorgfalt zum Zwecke der Abwendung der Gefahr"[2]) nicht beobachtet, aber es kann ihm dies nicht zugerechnet werden, weil ihm die Beobachtung dieser Sorgfalt tatsächlich unmöglich war.[3])

---

[1]) Vgl. von Liszt, Deliktsobligationen, S. 108 f.; Endemann, Lehrbuch, Bd. I S. 920; Müller, Der Begriff der unerlaubten Handlung (Diss Halle 1900), S. 49. Anderer Ansicht: Gaupp-Stein, Kommentar zur CPO., Bd. I S. 90. — In dieser subjektiven Beziehung liegt der Unterschied dieser Haftung gegenüber der des Tierhalters und des Jagdberechtigten, welche selbst durch den Nachweis der Anwendung sorgfältiger Vorsichtsmaßregeln nicht von der Haftung befreit werden.

[2]) § 836 Abs. 1 BGB.

[3]) Derselben Meinung Dernburg, Bürgerliches Recht, Bd. II Teil II S. 656: es wird „die persönliche Schuldlosigkeit des Besitzers als entschuldigend anzusehen sein, insbesondere auch seine Unzurechnungsfähigkeit nach §§ 827 ff." Noch weiter geht Cosack, Lehrbuch, Bd. I S. 599.

Eine im Interesse des Geschädigten anzustellende Erwägung führt dahin, den Ersatzpflichtigen in der Person des dem Kinde den Eigenbesitz vermittelnden gesetzlichen Vertreters zu suchen. Es erscheint dies nur billig und natürlich. Eine geeignete Handhabe zu solcher Entscheidung der Frage bietet der § 838 BGB., wonach derjenige, welcher „die Unterhaltung eines Gebäudes ꝛc. für den Besitzer übernimmt", für den Schaden „in gleicher Weise verantwortlich ist, wie der Besitzer." Es dürfte kein Bedenken haben, den gesetzlichen Vertreter unter diese Bestimmung zu bringen, denn die Fassung: „wer übernimmt" läßt ganz dahingestellt, worauf die Übernahme sich gründet; sie kann auf Vertrag beruhen, kann aber auch, wie hier, die Folge einer gesetzlichen Verpflichtung und Berechtigung sein.[1]) Ist nun die im Verkehr erforderliche Sorgfalt tatsächlich nicht beobachtet, so erwächst mit Rücksicht auf die tatsächliche Behinderung des Kindes nur dem gesetzlichen Vertreter die Ersatzpflicht nach § 836 BGB. Die Nichthaftung des Kindes kann den gesetzlichen Vertreter von seiner Ersatzpflicht nicht befreien um deswillen, weil für beide die objektiven Voraussetzungen der Ersatzpflicht gegeben sind und dem Kinde nur ein persönlicher Haftungsausschließungsgrund zur Seite steht. Durch die Nichtverantwortlichkeit des Kindes wird die Rechtswidrigkeit des Eingriffes ebensowenig konsumiert, wie die unerlaubte Handlung im engeren Sinne durch die nach § 828 Abs. 1 BGB. unverantwortliche Täterschaft des Kindes ihre Qualifikation als solche verliert.[2]) [3])

---

[1]) Vgl. § 834, nach welchem die zum Schadensersatze verpflichtende Aufsicht über ein Tier durch Vertrag übernommen sein muß. — Anderer Ansicht für den oben besprochenen Fall: Dernburg, Bürgerliches Recht, Bd. II Teil II S. 657, aber ohne Begründung.

[2]) Vgl. darüber die folgenden Ausführungen, insbesondere diejenigen über die qualifizierende Natur des Verschuldens in der Lehre von den unerlaubten Handlungen.

[3]) Linckelmann, Schadensersatzpflicht, S. 111, will einen Unterschied dieser Haftung aus Einsturz ꝛc. zu derjenigen aus dem Halten eines Tieres ꝛc. nicht gelten lassen. Er meint, obwohl die Haftung aus §§ 836 ff. in letzter Linie auf Schuld zurückzuführen sei, so sei dieselbe „doch kraft Gesetzes unmittelbar an das mit Bezug auf das Gebäude bestehende Besitz- oder Rechtsverhältnis angeknüpft", und sie trete „solange ein, als nicht die ordnungsgemäße Erfüllung der Pflichten von dem Besitzer nachgewiesen wird." Linckelmann übersieht dabei, daß dieser Beweis dem Kinde überhaupt nicht gelingen kann, weil es keine Vorstellung von jenen Pflichten hat; ich kann nicht beweisen, daß ich eine mir unbekannte Regel befolgt habe. Das Kind würde nach Linckelmann nicht ebenso, sondern schlechter gestellt als andere Personen.

Dieses Ergebnis steht auch hinsichtlich des Schutzgedankens in gutem Einklange mit dem Resultat, zu welchem die obigen Erörterungen über das Halten eines Tieres und die Jagdberechtigung führten. Allen drei Fällen ist das gemeinsam, daß der schadendrohende Zustand nur unter Mitwirkung und durch Vermittlung des gesetzlichen Vertreters des Kindes hergestellt werden kann. Während aber bei dem Halten des Tieres und der Jagdberechtigung nach der Herstellung des Zustandes im wesentlichen nichts mehr zur Abwendung der in diesem Zustande liegenden Gefahr getan werden kann,[1]) weil der Eintritt einer Schädigung mehr oder weniger schwer vorauszusehen und zu verhindern ist, kann bei dem Besitze eines Gebäudes die Gefahr des Eintretens einer Beschädigung durch fehlerlose Errichtung und ordnungsmäßige Unterhaltung auf ein Minimum verringert werden. In diesem letzteren Falle erstreckt sich deshalb auch die Schutzpflicht des gesetzlichen Vertreters gegenüber dem Schutzbefohlenen auf diese weitere vorbeugende Tätigkeit.

III. Eine unerlaubte Handlung im engeren und eigentlichen Sinne liegt vor, wenn der objektiv rechtswidrige Eingriff herbeigeführt ist durch das vorsätzliche oder fahrlässige Handeln einer Person.[2]) Nach § 828 Abs. 1 BGB. ist das noch nicht siebenjährige Kind für einen Schaden, den es durch eine solche unerlaubte Handlung einem anderen zufügt, nicht verantwortlich, d. h. es ist nicht zum Ersatze des entstandenen Schadens verpflichtet und dadurch gegen nachteilige Folgen seines Handelns geschützt.[3])

Der äußere Grund dieser Sonderbestimmung liegt in dem Umstande, daß es schlechterdings unmöglich erscheint, das Kind davon abzuhalten, einem anderen durch sein Handeln Schaden zuzufügen; es könnte dies nur verhindert werden durch eine allgemeine Überwachung strengster Art, welche ihrerseits wieder der Entwickelung des Kindes schädlich sein könnte.[4]) Es ist also hier nicht, wie bei der oben be-

[1]) Die selbstverständlich notwendige Beaufsichtigung des Tieres kann der gesetzliche Vertreter dem Kinde überlassen, was bei der Unterhaltung ꝛc. eines Gebäudes nicht möglich ist. Ist das Kind zur Beaufsichtigung des Tieres nicht imstande, dann ist es Pflicht des gesetzlichen Vertreters, ihm das Halten des Tieres unmöglich zu machen.

[2]) Die hier in Betracht kommenden Fälle sind die der §§ 823 bis 826 BGB.

[3]) Über die Bestimmung des § 829 BGB. und deren Stellung im System wird später ausführlich zu sprechen sein.

[4]) Hierdurch wird auch der Umfang der Aufsichtspflicht der Eltern, Vormünder ꝛc. mit bestimmt: ein Vormund z. B., der seinem sechsjährigen Mündel

sprochenen Kategorie der unerlaubten Handlungen im weiteren Sinne, ein nur vorbeugender Schutz ausreichend.

Auch der Schutz des Kindes gegen die Folgen seiner unerlaubten Handlungen im engeren Sinne beruht auf einem besonderen inneren, im Gegensatz zu dem legislatorischen gewissermaßen natürlich erscheinenden Grunde, doch ist dieser wiederum ein anderer, als der bei der Unfähigkeit des Kindes zur Vornahme von Rechtsgeschäften und rechtsgeschäftlichen Rechtshandlungen. Dort handelte es sich, wie wir sahen,[1]) um die Unfähigkeit des Kindes, etwas Rechtliches, sei es einen bestimmten rechtlichen Erfolg, sei es eine gewisse rechtliche Qualifizierung seines Verhaltens, zu wollen; diese Unfähigkeit machte es dem Kinde unmöglich, Rechtsgeschäfte oder rechtsgeschäftliche Rechtshandlungen vorzunehmen derart, daß diese zur Erzeugung von Rechtsfolgen geeignet waren. Anders ist dies bei den als reine Rechtshandlungen sich darstellenden unerlaubten Handlungen im engeren Sinne; ihre Wirkung hängt überhaupt nicht davon ab, daß bei der Vornahme in dem Handelnden irgend welche Vorstellung von rechtlichen Beziehungen lebendig geworden ist. Deshalb tritt, wie wir sehen werden, an sich der rechtliche Erfolg der unerlaubten Handlung auch ein, wenn ein Kind den objektiven Tatbestand der Handlung erfüllt hat, und es kann dem Kinde ein Schutz gewährt werden nur durch ein nachträgliches Unterbinden der durch die Handlung geöffneten Quelle, nicht aber kann die Tatsache der Vornahme der Handlung als einer den Tatbestand der unerlaubten Handlung im engeren Sinne erfüllenden aus der Welt geschafft werden. Der demnach erst nach der Vornahme der Handlung einsetzende Schutz leitet aber, wie später gezeigt werden wird, seine innere Begründung nicht her aus der Tatsache, daß in dem Kinde bei der Vornahme der Handlung eine Vorstellung von rechtlichen Beziehungen nicht lebendig geworden ist — denn dieser Umstand ist überhaupt unbeachtlich — sondern aus der Tatsache, daß

---

gestattet, Streichhölzer bei sich zu führen, handelt wegen der darin liegenden Gefährdung pflichtwidrig, nicht aber ein solcher, der seinen Mündel unbeaufsichtigt im geschlossenen Garten spielen läßt, selbst wenn der Mündel beim Ballschlagen einen Spielkameraden verletzt. Wie später zu erörtern sein wird, vermag auch ein solches konkurrierendes Verschulden des Aufsichtspflichtigen die Ersatzpflicht des Kindes zu beeinflussen.

[1]) Siehe § 4.

eine solche Vorstellung in dem Kinde nicht lebendig werden kann, daß das Kind nicht imstande ist, etwas Gegebenes rechtlich zu qualifizieren und zu bewerten.

Auch das Kind kann also unseres Erachtens den Tatbestand einer unerlaubten Handlung im engeren Sinne erfüllen, d. h. einen objektiv rechtswidrigen Eingriff in die Rechtsgütersphäre eines anderen vorsätzlich oder fahrlässig vornehmen.[1]) Wenn z. B. ein Kind durch einen Steinwurf eine Fensterscheibe zertrümmert, und zwar in der Absicht, die Scheibe zu zerstören, d. h. wenn die Zerstörung der Scheibe der Beweggrund seines Handelns gewesen ist, so sind alle Tatumstände der unerlaubten Handlung im engeren Sinne gegeben, nämlich die im § 823 BGB. begriffene objektiv widerrechtliche Verletzung des Eigentums eines anderen, herbeigeführt durch vorsätzliches Handeln des Kindes.[2])

Daß die Verletzung objektiv[3]) widerrechtlich ist, bedarf keiner weiteren Erläuterung. Aber auch vorsätzlich hat das Kind gehandelt, wenn man zunächst von dem Verschuldungsmomente ganz absieht und unter Vorsatz die objektive Willensrichtung zur Herbeiführung des

---

[1]) Voraussetzung ist selbstverständlich das Vorhandensein natürlicher Willensfähigkeit bei dem Kinde. In den ersten Lebensmonaten sind die Lebensäußerungen des Kindes nur unwillkürliches Tätigwerden, es kann also von dem Vorliegen einer unerlaubten Handlung im Sinne der §§ 823 ff. hier nicht gesprochen werden und eine Ersatzpflicht des Kindes auch nicht auf Grund des § 829 eintreten. In diesem Sinne bemerkt Linckelmann, Schadensersatzpflicht, S. 110, zur Auslegung des § 829 durchaus zutreffend: „es können Handlungen und Unterlassungen der deliktsunfähigen Personen nur unter der Voraussetzung als Ursache des Schadens festgehalten werden, daß es möglich bleibt, dieselben auf eine Äußerung der, wenn auch rechtlich nicht anerkannten, so doch tatsächlich vorhandenen Willensfähigkeit jener Personen zurückzuführen."

[2]) Wenn Müller, Begriff der unerl. Handl., S. 39, im Anschluß an Binding ausführt: dem Kinde „mangelt sowohl die Geschäftsfähigkeit, als die Deliktsfähigkeit, mithin die Handlungsfähigkeit auf rechtlichem Gebiete überhaupt", so ist das meines Erachtens eine petitio principii. Auch der von Müller beliebten Gleichstellung des Kindes mit dem Geisteskranken kann ich mich, wie später ausgeführt werden wird, nicht anschließen.

[3]) Das Bewußtsein der Rechtswidrigkeit bei dem Handelnden gehört zweifellos nicht zu dem Begriffe der unerlaubten Handlung des Bürgerlichen Gesetzbuches. Über diese Frage, und insbesondere über die Bedeutung der Fähigkeit, das Bewußtsein der Rechtswidrigkeit zu haben, siehe unten. — Vgl. auch von Liszt, Deliktsobligationen, S. 56 ff.

Erfolges versteht in dem Sinne, in welchem die Protokolle[1]) ausführen: „Bei Beschädigungen durch eine willensunfähige Person werde im Einzelfalle festzustellen sein, ob die Handlung, abgesehen von dem Mangel der Zurechnungsfähigkeit, vorsätzlich oder fahrlässig in das absolute Recht eines anderen eingreife oder gegen ein den Schutz des anderen bezweckendes Gesetz verstoße; denn auch die Handlungen dieser Personen können, obgleich bei ihnen das Bewußtsein von der Tragweite und Verantwortlichkeit ihres Tuns fehle, absichtlich auf die Herbeiführung des vom Gesetze verbotenen Erfolges gerichtet sein."

Die Motive[2]) definieren den Vorsatz — angeblich in Übereinstimmung mit dem Strafrecht — als „die auf die Vornahme einer Handlung oder die Herbeiführung eines Erfolges gerichtete Willensbestimmung." Unter Erfolg ist hier zu verstehen ein tatsächlicher Erfolg, „eine Veränderung in der Außenwelt als ein sinnenfälliges Ereignis,"[3]) und auf solch einen tatsächlichen Erfolg kann, wie wir oben gesehen haben,[4]) auch das Kind seinen Willen richten.[5]) Das, was das Kind in dem angeführten Beispiel will, ist das Zertrümmern der Fensterscheibe, und diesen Erfolg hat es vorsätzlich herbeigeführt, auch wenn es nicht weiß, daß dieser Erfolg eine „Verletzung des Eigentums eines anderen" bedeutet; denn der Vorsatz bezieht sich nicht auf „das rechtliche Werturteil über die Handlung",[6]) also auch über den Erfolg als Teil der Handlung.[7]) Ebenso belanglos ist die Tat-

[1]) Siehe Bd. II S. 592f.

[2]) Siehe Bd. I S. 280.

[3]) Vgl. von Liszt, Lehrbuch, § 38.

[4]) Siehe § 4.

[5]) Die obige Betrachtung bewegt sich im Anschluß an die Motive auf dem Boden der Willenstheorie. Die Anwendung der Vorstellungstheorie würde keine praktische Verschiedenheit zur Folge haben, und dies um so weniger, als die Vorstellung gegenüber dem Willen das Minus darstellt; wenn wir annehmen, daß das Kind die Herbeiführung eines tatsächlichen Erfolges wollen kann, so folgt daraus, daß es das Eintreten eines solchen Erfolges sich vorstellen kann, denn etwas, was ich mir nicht vorstellen kann, kann ich auch nicht wollen. — Gegen die Anwendung der Willenstheorie im Bürgerlichen Gesetzbuch wendet sich mit Entschiedenheit von Liszt, Deliktsobligationen, S. 54f. Vgl. auch Endemann, Lehrbuch, Bd. I § 112; Crome, System, Bd. I S. 484f.

[6]) Vgl. von Liszt, Lehrbuch, § 38.

[7]) Der über den Handlungsbegriff herrschende, praktisch wenig bedeutsame Streit ist für unsere Ausführungen insofern nicht von Bedeutung, als die Tatsache, daß der Vorsatz den Erfolg — sei es als gewollt, sei es als vorgestellt — zum mindesten in allgemeinen Umrissen umfassen müsse, nicht bestritten ist.

sache, daß das Kind vielleicht nicht weiß, daß aus dem von ihm zunächst herbeigeführten tatsächlichen Erfolge des Zertrümmerns der Fensterscheibe ein weiterer Erfolg sich herleitet in der Art, daß dem Eigentümer der Scheibe ein Schaden entsteht,[1]) denn auch diese Tatsache kann nur durch ein rechtliches Werturteil über die herbeigeführte sinnenfällige Veränderung in der Außenwelt festgestellt werden insofern, als der „Schaden" im Sinne der Verschlechterung des Rechtsgüterstandes einer Person selbst ein rechtlicher Begriff ist.

Ebenso wie mit dem Vorsatze verhält es sich mit der Fahrlässigkeit; auch das Kind kann fahrlässig handeln im Sinne der §§ 823 ff. BGB. Fahrlässig handelt nämlich nach § 276 BGB., „wer die im Verkehr erforderliche Sorgfalt außer Acht läßt." Auch hier handelt es sich zunächst rein objektiv darum, daß bei Anwendung gehöriger Sorgfalt der Schaden nicht entstanden sein würde. Die Tatsache, daß das Kind vielleicht nicht fähig ist, diese Sorgfalt anzuwenden, ist vorläufig nicht von Bedeutung. Wenn z. B. ein Kind beim Schlittenfahren auf einem öffentlichen Wege einen Passanten zu Falle bringt und dadurch verletzt, so hat es eine fahrlässige Verletzung der Gesundheit eines anderen begangen im Sinne des § 823 BGB.[2])

Nach der herrschenden Ansicht[3]) gehört zu den Begriffsmerkmalen der unerlaubten Handlung in dem hier in Rede stehenden engeren Sinne die Schuld, d. h. die subjektive Beziehung des Täters zu dem eingetretenen Erfolge, welche sich zusammensetzt aus der durch die Tatsache vorsätzlichen oder fahrlässigen Handelns bedingten Zurechenbarkeit des Erfolges einerseits und der Zurechnungsfähigkeit des

---

[1]) Vgl. Endemann, Lehrbuch, Bd. I S. 915. — Auch bei der schuldhaften Handlung braucht die Schuld sich nicht auf den durch die Handlung verursachten Schaden zu beziehen. Vgl. von Liszt, Deliktsobligationen, S. 28.

[2]) Linckelmann, Schadensersatzpflicht, S. 37, geht allerdings außerordentlich weit, wenn er ausführt: „Jedermann ist verpflichtet, dasjenige Wissen und diejenige Erfahrung zu gewährleisten, welches und welche in einer gegebenen Situation nach allgemeinen Verkehrsanschauungen gefordert wird; die Nichtbeachtung dieser Verpflichtung geht auf seine Gefahr, auch wenn es ihm nach seinen persönlichen Fähigkeiten gar nicht möglich gewesen ist, den Erfolg vorherzusehen." Hieraus folgert er dann, für seine Anschauung ganz zutreffend: „Der Begriff der Fahrlässigkeit ist in Wirklichkeit nicht der Begriff einer Schuld, sondern er enthält die Aufstellung einer allgemeinen Garantiepflicht."

[3]) Vgl. z. B. Endemann, Lehrbuch, Bd. I § 130; Planck, Kommentar, Bd. II S. 610; Schollmeyer, Recht der einzelnen Schuldverhältnisse, S. 113; und besonders von Liszt, Deliktsobligationen.

Täters andererseits.[1]) Dieser letztere Punkt ist bei den vorstehenden Ausführungen nicht berücksichtigt, womit gesagt sein soll, daß die „Schuld" überhaupt nicht ein Begriffsmerkmal der unerlaubten Handlung bildet.

Wenn von Liszt[2]) meint, er habe keine Veranlassung, für das bürgerliche Recht von der Ansicht abzugehen, die er in seinem Lehrbuch für das Strafrecht in dieser Beziehung vertreten hat, so scheint mir darin eine Umkehrung der Beweislast zu liegen; es muß doch vielmehr angegeben werden, welcher positive Anlaß gegeben ist, die für das Strafrecht aufgestellte Schuldlehre auf das Civilrecht einfach zu übertragen, und meines Erachtens liegt ein solcher Anlaß schon rein äußerlich nicht vor. Der Grund für die Auffassung von Liszts liegt darin, daß er — wie auch andere Kriminalisten — bei der Behandlung der Deliktsobligationen von der falschen Voraussetzung ausgeht, die Aufgaben des Strafrechts ständen in reger Wechselbeziehung mit der Sühne des civilen Unrechts. So führt er — um nur ein Beispiel herauszugreifen — mit Beziehung auf die Lehre von der Unterbrechung des Kausalzusammenhanges und deren Unverwertbarkeit für das Civilrecht aus[3]): „Die solidarische Haftung mehrerer Verpflichteten ist eine der wenigen Bürgschaften, die unser BGB. dem Verletzten für die Einbringlichkeit seines Ersatzanspruches gewährt hat. Die von mir bekämpfte Lehre würde diese dem Verletzten gewährte Garantie zu Gunsten der Verbrecherwelt ganz wesentlich einschränken." Was hat denn nun diese Lehre vom Schadensersatz aus unerlaubten Handlungen an sich mit der „Verbrecherwelt" zu tun? Meines Erachtens dürfen solche Rücksichten hier überhaupt keinen Platz beanspruchen angesichts der Tatsache, daß die Begehung einer unerlaubten Handlung im Sinne des BGB. an sich nichts weniger als kriminelle Strafbarkeit oder auch nur moralische Verurteilung des Handelnden zu begründen braucht; man denke nur an die fahrlässige Verletzung des Eigentums oder eines sonstigen Rechts eines anderen, an die Haftung des Aufsichtspflichtigen 2c., sodann an die zwar kriminell zu ahndenden, aber mit dem „Verbrechertum" nicht in Beziehung stehenden fahrlässigen Verletzungen des Lebens, des Körpers und der Gesundheit.

[1]) Vgl. von Liszt, Deliktsobligationen, S. 46.

[2]) Siehe Deliktsobligationen a. a. O.

[3]) Siehe Deliktsobligationen, S. 80.

Die rechtliche Berücksichtigung des civilen Unrechts beruht auf ganz anderen Grundsätzen, als die des strafbaren Unrechts;[1]) von allen den in der Behandlung des letzteren mitsprechenden Ideen findet sich bei der Berücksichtigung des ersteren nichts. In diesem Sinne wendet sich Stammler[2]) gegen den gelegentlich gemachten Vorschlag, das Straf-, Polizei- und Verwaltungsrecht mit den Schuldverhältnissen aus Vergehen gesetzgeberisch zusammenzufassen,[3]) indem er ausführt: es werde übersehen, „daß durch strafrechtlich bedrohte Vergehen eine besondere Beziehung des einzelnen zur Gesamtheit hergestellt wird; indessen das Privatdelikt besondere Schuldverhältnisse nur zwischen den einzelnen Beteiligten nach sich zieht." Diese Feststellung ist besonders wesentlich gegenüber der Behauptung von Liszts,[4]) daß die Aufgabe des Schadensersatzes als Deliktsfolge „auch die Bekämpfung des Unrechts und damit die Sicherung der Rechtsordnung" sei. Dies kann vielleicht faktischer Erfolg, niemals aber Aufgabe der Schadensersatzpflicht sein. Bei der Festsetzung der Verpflichtung zum Schadensersatz hat die subjektive Beziehung des Täters zu der Tat nur ganz untergeordnete Bedeutung. Der größere oder geringere Grad von Verschulden, Vorsatz oder Fahrlässigkeit, Bescholtenheit oder Integrität, Rückfälligkeit oder gelegentliche Verfehlung — nichts von alledem beeinflußt die Verpflichtung zum Schadensersatz. Der Arbeiter, der durch geringe Fahrlässigkeit einen Menschen verletzt, muß auf Heller und Pfennig dasselbe leisten, wie der als brutal und roh bekannte

[1]) Dies betonen auch die Protokolle, Bd. I S. 49, gerade bei der Behandlung der hier vornehmlich interessierenden Frage der sogenannten „Deliktsfähigkeit": „Hinsichtlich der Ablehnung einer Erstreckung des Kindesalters bis zur Vollendung des 12. Lebensjahres wurde hervorgehoben, daß es zweckmäßig erscheine, mit Rücksicht darauf, daß eine jede Altersgrenze willkürlich sei, bei dem bestehenden Rechte zu verbleiben. Wenn im Strafrecht die Strafmündigkeit mit dem 12. Lebensjahr beginne, so seien dort ganz andere Gesichtspunkte maßgebend."

[2]) Vgl. Das Recht der Schuldverhältnisse in seinen allgemeinen Lehren, S. 14.

[3]) Siehe auch Endemann, Lehrbuch, Bd. I S. 906 Anmerk. 1: „Unsere Rechtsordnung geht von der scharfen Trennung des öffentlichen Strafrechts und des Privatrechts aus. Daß eine bestimmte Handlung bestraft wird, ist weder der Grund noch die Voraussetzung zur Entstehung einer civilrechtlichen Haftung. Daher deckt sich der Tatbestand der unerlaubten Handlungen keineswegs mit dem der Straftaten."

[4]) Deliktsobligationen, S. 1ff

steinreiche Gutsbesitzer, der vorsätzlich den gleichen Erfolg herbeiführt. Wo sind hier die höheren Gesichtspunkte „des Schutzes der Rechtsordnung und der Bekämpfung des Unrechts“? Das, was von Liszt nur zunächst als Aufgabe des Schadensersatzes bezeichnet, scheint mir die einzige Aufgabe zu sein: „die Ausgleichung der in der Rechtssphäre des Verletzten eingetretenen Störung.“

Für die strafbare Handlung werden dem Täter Übel angedroht, deren Verhängung meist dem Verletzten keinen anderen Vorteil bringt, als lediglich die Genugtuung über die dem Täter durch dieses Übel zugefügte Schädigung. Dem Civilrecht liegt dieser Gedanke ganz fern, — so fern, daß es sogar die Ausübung eines wohlerworbenen Rechtes verbietet, falls diese Ausübung dem Berechtigten weiter nichts gewährt als die Genugtuung, über einen anderen ein Übel verhängt zu haben,[1]) sollte auch dieser andere zeitlebens der niederträchtigste Chikaneur des Berechtigten gewesen sein. Derselbe Gedanke findet sich bei den unerlaubten Handlungen: auch hier will das Recht in dem Verletzten nicht ein Gefühl der Genugtuung, der Befriedigung über die dem Täter gewordene Vergeltung hervorrufen,[2]) sondern es will nur verhüten, daß dem Verletzten ein Schaden erwachse.[3]) Es handelt sich also lediglich um die billige Ausgleichung in kollidierenden Machtsphären.[4])

Nicht Vergeltungsgedanken, nicht Besserungs- oder sonstige Zweckideen im höheren Sinne kommen hier in Frage, sondern lediglich die Rücksicht auf die Billigkeit, welche verlangt, daß der Rechtsgüterstand dem einzelnen erhalten wird auf dem Niveau, auf das er selbst ihn gestellt hat und auf dem er selbst ihn erhalten

---

[1]) § 226 BGB.

[2]) Dies gilt insbesondere auch für die Fälle des Ersatzes eines Schadens, der nicht Vermögensschaden ist; auch hier soll eine in der Lebenssphäre des Verletzten eingetretene Störung beseitigt werden.

[3]) Dieser Gesichtspunkt tritt im Strafrecht ganz zurück; Bedeutung hat er lediglich in den seltenen Fällen der „Buße“. Vgl. Rosenfeld, Die Nebenklage des Reichsstrafprozesses, S. 174: „Die Buße ist Entschädigung und nur Entschädigung, in erster Linie für materiellen, in zweiter auch für immateriellen Schaden.“

[4]) Vgl. Protokolle, Bd. II S. 567: Der Entwurf geht davon aus, „daß die Vorschriften über die Schadensersatzpflicht aus unerlaubten Handlungen zu denjenigen Vorschriften gehören, welche dazu bestimmt sind, die Rechtskreise der einzelnen, innerhalb deren diese ihre individuelle Freiheit entfalten und ihre Interessen verfolgen dürfen, von einander abzugrenzen.“

wissen will.[1]) Dies tritt besonders deutlich hervor in zwei Beziehungen.

Einerseits kann und muß es nämlich dem Verletzten gänzlich gleichgültig sein, auf welche Weise und von welcher Seite her die Wiederherstellung des früheren Niveaus seines Rechtsgüterstandes vorgenommen wird, wenn nur diese Reparation so vollständig und gründlich ist, wie er sie verlangen kann. So ist der Verletzte insbesondere nicht gezwungen, mehreren Tätern die eingetretene Beschädigung je nach ihrer Beteiligung an der Handlung zuzurechnen; er kann sich vielmehr vermöge der im § 830 BGB. bestimmten gesamtschuldnerischen Haftung der Beteiligten an jeden von ihnen halten, und zwar an jeden beliebigen, und sei dieser auch gerade der, der dies am wenigsten verdient hätte. Die kriminelle Verfolgung muß sich dagegen notwendig gegen alle Teilnehmer an der strafbaren Handlung richten.[2]) Die Folge der gesamtschuldnerischen Haftung ist ferner, daß die Leistung des Schadensersatzes seitens eines der Beteiligten die übrigen befreit, so daß diesen unter Umständen ein Nachteil aus ihrem unerlaubten Handeln überhaupt nicht erwächst. Diesen Erfolg abzuwenden hat der Verletzte kein Mittel, und er hat ein solches selbst dann nicht, wenn eine dritte, gänzlich unbeteiligte Person ihn schadlos hält, denn es wird gerade bei dem Schadensersatz aus unerlaubten Handlungen kaum ein Fall denkbar sein, in welchem der Verletzte ein Interesse daran hat, daß der Täter die Leistung des Schadensersatzes in Person vornimmt.[3]) Der Verletzte wird sich also nach § 267 BGB. der Ersatzleistung durch einen beliebigen Dritten schlechterdings nicht widersetzen können.[4])

---

[1]) Dieser Gedanke kommt im BGB. häufig zum klaren Ausdruck; es sei hier nur erinnert an § 343 BGB, welcher zuläßt, daß eine „unverhältnismäßig hohe" Vertragsstrafe auf einen „angemessenen Betrag" herabgesetzt wird. Diese quantitativen Feststellungen werden durch rein objektive Abwägung der entgegenstehenden Interessen getroffen; die subjektiven Beziehungen der Parteien zu ihren Vereinbarungen bleiben ganz außer Betracht.

[2]) Dieser Grundsatz kommt besonders scharf zum Ausdruck in der Bestimmung des § 63 StGB. über die prinzipielle Unteilbarkeit des Antrages bei Antragsvergehen. Vgl. z. B. von Liszt, Lehrbuch, § 44.

[3]) Dies ist umso einleuchtender, als nach den Bestimmungen der §§ 249, 842 ff. BGB. in der weitaus größeren Mehrzahl aller Fälle der Schadensersatz in Geld zu leisten sein wird.

[4]) Dagegen richtet sich die kriminelle Strafe stets gegen die Person des Täters. Dieser Satz ist von so grundlegender Bedeutung für das Strafrecht

Die kriminelle Strafe wird ferner, mit wenigen Ausnahmen, ohne Zutun des Verletzten, selbst gegen seinen Willen verhängt, während die Sühne civilen Unrechts von seiner Initiative abhängig ist. Der Verletzte verficht auch im Civilprozeß lediglich sein Recht und zwar verficht er es nur mit seinen eigenen Kräften; von dem Geschick in der Vertretung seiner Interessen, von der Wahrung der prozessualen Vorschriften, unter Umständen auch von materiellen Opfern in der Form von Kostenvorschüssen, — von alledem hängt der Erfolg seines Vorgehens ab. Ihm steht weder die zur objektiven Wahrheitsermittlung dienende amtliche Tätigkeit staatlicher Organe zur Seite, noch auch hat er einen Rückhalt an der auf Grund dieser objektiven Ermittlung erfolgten rechtskräftigen Verurteilung des Beklagten aus demselben, zur Klagbegründung erhobenen Tatbestande. Die Entscheidung des Strafrichters bindet den Civilrichter in keiner Weise, weder was die tatsächlichen Feststellungen, noch was die rechtliche Beurteilung anlangt.[1]) — Alle diese Tatsachen erwachsen aus dem grundverschiedenen Charakter des strafbaren und des civilen Unrechts.

Aus dieser Verschiedenheit der strafrechtlichen und civilrechtlichen Grundgedanken ergibt sich, daß die Fragestellung bei der Behandlung der unerlaubten Handlungen nicht zu lauten hat: „Sollen wir von den strafrechtlichen Grundsätzen für das Civilrecht abgehen?", sondern vielmehr: „Sollen wir die strafrechtlichen Grundsätze auf das Civilrecht übertragen?" Diese letztere, richtige Fragestellung verschiebt aber die Beweislast zu Ungunsten derjenigen, die sich bei der Verneinung der ersten Frage in einer wohlbefestigten Verteidigungsstellung befanden.[2])

daß selbst die Bezahlung einer Geldstrafe unter dem Namen des Verurteilten durch einen Dritten von der herrschenden Meinung als Begünstigung betrachtet wird. Vgl. von Liszt, Lehrbuch, §§ 63, 181. Dies ist ebenfalls ein schlagender Beweis gegen von Liszts oben erwähnte Auffassung: es dürfte mir z. B. unmöglich sein, einem Raubmörder das Los, welches ihn in seiner lebenslänglichen Zuchthausstrafe trifft, auch nur in etwas zu erleichtern, aber niemand kann mich davon abhalten, sämtliche ihm aus seiner Tat erwachsenden civilrechtlichen Verpflichtungen zu übernehmen und an seiner Stelle zu erfüllen. Wo bleibt da die von von Liszt behauptete Funktion der Schadensersatzpflicht als eines Mittels zur Bekämpfung des Unrechts?

[1]) Vgl. Endemann, Lehrbuch, Bd. I S. 906 Anmerk. 1.

[2]) Der Hauptwall dieser Stellung, dessen große strategische Bedeutung ich nicht verkenne, ist die bisherige historische Entwickelung. Ihm gegenüber hilft nur

Als positives Resultat entnehmen wir aus den vorstehenden Ausführungen zunächst das folgende: wenn es sich bei der Frage nach der rechtlichen Natur der unerlaubten Handlungen nur darum handelt, daß ihre Sühne der billigen Ausgleichung widerstreitender Interessen dient, so kann die Verschuldung des Täters überhaupt nur insofern in Betracht kommen, als sie die Billigkeit beeinflußt, d. h. insofern, als es billig erscheinen kann, daß der schuldhafte Täter quantitativ anders haftet als der schuldlose. Zweck dieser Regelung ist aber keineswegs der positive Erfolg einer Haftung des Schuldigen als einer Art von Bestrafung, sondern vielmehr die negative Seite, daß der schuldlose Beteiligte nach Möglichkeit nicht geschädigt werden soll. Die Qualität der Haftung wird jedenfalls nicht berührt: beide Täter, der schuldhafte, wie der schuldlose, haften aus demselben Grunde.

Stark betont und präzis formuliert ist dieser Gedanke neuerdings von Liepmann,[1]) welcher sagt: „das bürgerliche Unrecht braucht weder Pflichtverletzung, noch überhaupt Handlung zu sein; sein wesentlicher Inhalt besteht in der bloßen Existenz eines in privatrechtliche Interessen eingreifenden Zustandes, mag dieser durch Zurechnungsfähige, Sachen, oder selbst Naturkräfte verursacht sein; der Gesichtspunkt der Schuld besitzt hier keine „konstitutive“, sondern lediglich „qualifizierende“ Bedeutung.“[2]) Gerade diese letztere Feststellung ist von außerordentlicher Bedeutung für den Begriff der unerlaubten Handlung im engeren und eigentlichen Sinne. Schuld ist, wie schon erwähnt,[3]) „jene subjektive Beziehung des Täters zu dem

das Angriffsmittel der Behauptung, daß wir in dem Begriffe der unerlaubten Handlung des BGB. ein Novum haben, und diese Behauptung wird gestützt durch die Tatsache, daß die Verfasser des ersten Entwurfes die Richtigkeit dieser Anschauung teils ausdrücklich (vgl. Motive, Bd. IV S. 725 ff.), teils durch ihr Vorgehen anerkannt haben; in letzterer Beziehung beweiskräftig erscheint ihre später näher zu besprechende Stellung zum Verschuldungsprinzip und dessen Ausdruck im Entwurfe.

[1]) Und zwar im Anschluß an Binding; vgl. Liepmann, Einleitung in das Strafrecht, S. 17, und Binding, Normen, Bd. I S. 433 ff. Siehe auch Sjögren, Formen des Unrechts und Tatbestände der Schadensstiftung (Iherings Jahrbücher, Bd. 35), S. 357 ff.

[2]) Liepmann geht in gewisser Beziehung natürlich viel zu weit: daß Naturkräfte ein bürgerliches Unrecht verursachen können, dürfte er selbst im Ernst wohl nicht behaupten wollen.

[3]) Vgl. von Liszt, Deliktsobligationen, S. 46.

eingetretenen Erfolg, an welche die rechtliche Verantwortlichkeit (der Eintritt der Unrechtsfolge) geknüpft ist. Die Schuld setzt im Privatrecht wie im Strafrecht ein doppeltes voraus: 1. die Zurechnungsfähigkeit des Täters, und 2. die Zurechenbarkeit des Erfolges.“ Das Delikt, die unerlaubte Handlung im engeren Sinne aber definiert von Liszt[1]) als „die schuldhafte, rechtswidrige Verletzung des einem anderen zustehenden Rechts.“ Demgegenüber stehe ich nicht an, meine Ansicht, wohl in voller Übereinstimmung mit Liepmann,[2]) aber schärfer als dieser, zu formulieren dahin: Die Zurechnungsfähigkeit des Handelnden, d. h. die Möglichkeit zur rein subjektiven Verknüpfung der Person und des rechtswidrigen Erfolges als eines solchen, gehört überhaupt nicht zum Begriffe der unerlaubten Handlung im Bürgerlichen Gesetzbuch. Entfällt aber dieser eine Faktor der Schuld, so ergibt sich, daß die Schuldhaftigkeit nicht Begriffsmerkmal der unerlaubten Handlung sein kann.[3])

Wenn wir zur näheren Begründung dieser Anschauung zunächst, wie bereits in Aussicht gestellt wurde, auf die Entstehungsgeschichte des BGB. zurückgreifen, so finden wir, daß die Motive zum ersten Entwurf[4]) die Zulassung einer Schadensersatzpflicht soge-

---

[1]) A. a. O. S. 20.

[2]) Liepmanns Wendung, daß die Schuld im Gebiete des bürgerlichen Unrechts keine „konstitutive“ Bedeutung besitze, glaube ich dahin auffassen zu sollen, daß die Schuld bei keiner Art bürgerlichen Unrechts als Begriffsmerkmal auftreten könne. — Vgl. Enneccerus, Lehrbuch, Bd. I S. 257: „Unter Unrecht ist jedes menschliche Verhalten, das der Rechtsordnung widerspricht, durch das also ein Rechtsgebot oder Verbot verletzt wird, zu verstehen ... Das Unrecht ist entweder subjektives, d. h. verschuldetes, auf den Willensfehler eines Menschen zurückzuführendes Unrecht, oder es ist nur vom objektiven Standpunkte aus Unrecht, ohne daß den Handelnden ein Vorwurf trifft, unverschuldetes Unrecht.“ Auf diese Auffassung verweist auch eine Äußerung Dernburgs, welcher die gegenteilige Anschauung vertritt: „Die Verletzung des Beschädigten muß selbstverständlich widerrechtlich sein; sie muß ferner auf Vorsatz oder Fahrlässigkeit des Schädigers zurückführen. Die bloße Veranlassung des Schadens genügt nicht. Freilich gibt es zahlreiche Fälle, in welchen aus besonderen Gründen die bloße Veranlassung des Schadens zu dessen Ersatz verpflichtet.“ (Vgl. Bürgerl. Recht, Bd. II Teil II S. 616.)

[3]) Vgl. Isay, Verantwortlichkeit für Tiere, S. 311: „Das moderne Recht betrachtet die Schuld nur mehr aus dem Gesichtspunkte der Schadensverteilung. Auch hier ist sie noch von maßgebendem Einflusse, aber im Prinzipe ist nicht mehr sie essentiell für die Schadensersatzverbindlichkeit, sondern der Schaden.“

[4]) Vgl. Bd. II S. 734.

nannter „Deliktsunfähiger“ unter allen Umständen ablehnen, weil sie in einer solchen Zulassung eine Durchbrechung des Verschuldungsprinzipes erblicken. Wenn man es hiernach als zweifellos betrachten muß, daß der erste Entwurf streng auf dem Standpunkt des Verschuldungsprinzipes steht, so begreift man nicht recht, welche Bedeutung dem § 707 des Entwurfes zuzumessen ist. Dort war bestimmt: „Ist die beschädigende Handlung von demjenigen, welcher sie begangen hat, aus entschuldbarem Irrtume für erlaubt gehalten worden, so ist derselbe zum Schadensersatze nicht verpflichtet.“ Von den Motiven[1]) wird diese Bestimmung begründet durch den Hinweis: „weil Vorsatz oder Fahrlässigkeit in Bezug auf die Handlung ausgeschlossen ist.“ Dieser Satz kann natürlich nur bezogen sein auf Vorsatz und Fahrlässigkeit im Sinne des reinen Verschuldungsprinzips, auf Vorsatz und Fahrlässigkeit als Schuldformen. Hiernach erscheint die Bestimmung des § 707 des Entwurfes gänzlich überflüssig, denn wenn bei entschuldbarem Irrtum von Vorsatz und Fahrlässigkeit nicht die Rede sein könnte, so würde man in diesem Falle eben an eine unerlaubte Handlung im Sinne des Entwurfes überhaupt nicht denken können, man würde auf ein solches weder vorsätzliches noch fahrlässiges Verhalten die §§ 704ff. des Entwurfes überhaupt nicht haben anwenden können. Wenn man nun fragt, was die Verfasser des ersten Entwurfes zur ausdrücklichen Fixierung des nach ihrer eigenen Auffassung selbstverständlich erscheinenden Gedankens veranlaßt hat, so glaube ich die Antwort dahin geben zu müssen: die Verfasser befürchteten, daß die Gesamtheit der übrigen Bestimmungen des Entwurfes über die unerlaubten Handlungen eine Ausscheidung des Verschuldungsmomentes aus dem Begriffe dieser Handlungen zulassen könnte, indem man Vorsatz und Fahrlässigkeit nicht als Schuldformen, sondern rein objektiv als Mittel zur Vorstellung der kausalen Verknüpfung von Willensbetätigung und Erfolg auffaßte.[2]) Unter dem Gesichtspunkt der Möglichkeit dieser Auffassung ist die Vorschrift des § 707 des Entwurfes verständlich, unter diesem Gesichtspunkt erscheint sie auch notwendig zum Zwecke der Durchführung des von den Verfassern des Entwurfes gewollten Verschuldungsprinzipes.

Betrachtet man nun die Stellung des Gesetzbuchs zum Entwurfe,

[1]) A. a. O. S. 731.

[2]) Vgl. die oben S. 68 zitierten Ausführungen der Protokolle, Bd. II S. 592f.

so ist zunächst festzustellen, daß die Kommission für die zweite Lesung die Bestimmung des § 707 des Entwurfes gestrichen hat, und zwar, weil diese Bestimmung für selbstverständlich erachtet wurde.[1]) Es wurde also der Standpunkt der strikten und unzweideutigen Betonung des Verschuldungsprinzipes verlassen und damit, wie aus den vorstehenden Ausführungen erhellt, die Möglichkeit gegeben, mit Rücksicht auf die aus dem Entwurfe übernommenen Bestimmungen der von den Motiven abgelehnten, aber befürchteten Auffassung von der Eliminierung des Schuldmomentes aus dem Begriffe der unerlaubten Handlung zur Geltung zu verhelfen. Aus welchen Gründen man die Bestimmung des § 707 des Entwurfes für selbstverständlich halten will, ist zunächst gleichgültig, da unsere Beweisführung vorläufig nur mit der Tatsache der Beseitigung jener Bestimmung zu rechnen hat.[2])

Von besonderer Bedeutung aber für die rechtliche Beurteilung der unerlaubten Handlungen im BGB. ist die Aufnahme der Bestimmung des § 829 BGB., welcher im ausgesprochenen Gegensatz zum ersten Entwurf eine Schadensersatzpflicht sogenannter „Deliktsunfähiger" festsetzt. Auf seine Bewertung soll mit Rücksicht auf den Hauptzweck und Inhalt dieser Darstellung der Hauptnachdruck gelegt werden. Der § 829 BGB. lautet:

> „Wer in einem der in den §§ 823 bis 826 bezeichneten Fälle für einen von ihm verursachten Schaden auf Grund der §§ 827, 828 nicht verantwortlich ist, hat gleichwohl, sofern der Ersatz des Schadens nicht von einem aufsichtspflichtigen Dritten erlangt werden kann, den Schaden insoweit zu ersetzen, als die Billigkeit nach den Umständen, insbesondere nach den Verhältnissen der Beteiligten, eine Schadloshaltung erfordert und ihm nicht die Mittel entzogen werden, deren er zum standesmäßigen Unterhalte sowie zur Erfüllung seiner gesetzlichen Unterhaltspflichten bedarf."[3])

---

[1]) Vgl. Protokolle, Bd. II S. 584.

[2]) Über den Grund des von den Protokollen für selbstverständlich gehaltenen Einflusses des entschuldbaren Irrtums wird später zu sprechen sein.

[3]) Keine Anwendung findet diese Vorschrift bei der schuldhaften Nichterfüllung von Verbindlichkeiten nach § 276 Satz 1 und 3: „Der Schuldner hat, sofern nicht ein anderes bestimmt ist, Vorsatz und Fahrlässigkeit zu vertreten ... Die Vorschriften der §§ 827, 828 finden Anwendung." Hier kann also eine Schadenshaftung des Kindes auf Grund seiner eigenen Handlungen unter keinen Umständen eintreten.

Wenn der erste Entwurf eine Bestimmung von dem Inhalte des § 829 des Gesetzes für eine Durchbrechung des Verschuldungsprinzipes erachtete, so hatte er von seinem Standpunkt aus vielleicht nicht Unrecht. Man kann aber andererseits auch sagen, daß eine solche Bestimmung ein wichtiges Argument für das Nichtvorhandensein des angeblich nur durchbrochenen Prinzips darstellt, und diese Bedeutung eben möchte ich der Bestimmung des § 829 BGB. vindizieren.[1])

Es ist also nach der hier vertretenen Anschauung tatsächlich nicht das Verschuldungs-, sondern das Veranlassungsprinzip, welches der Lehre von den unerlaubten Handlungen des Bürgerlichen Gesetzbuches zu Grunde liegt. Allerdings erklärte sich die Mehrheit der Kommission für die zweite Lesung[2]) mit Entschiedenheit gegen diese Auffassung, aber ein Blick auf die hierauf bezüglichen Ausführungen zeigt, daß dieser Standpunkt der Kommissionsmehrheit durchaus gekünstelt ist. Das Hauptargument für die Berechtigung des Verschuldungsprinzips sieht die Mehrheit der Kommission in der Tatsache, daß „die Verknüpfung der Haftung wegen Schadenszufügung mit der Verursachung des Schadens" eine Erscheinung sei, „die sich in allen Rechten niederer Kulturstufen finde, bei denen der Schuldbegriff noch nicht ausgebildet und der Unterschied zwischen der verschuldeten und der nicht verschuldeten Schadenszufügung noch nicht erfaßt sei. Die sinnliche Auffassung halte sich an die sinnfällige Tatsache der Verursachung des Schadens. Die Aufstellung des Grundsatzes, daß die Schadensersatzpflicht ein Verschulden voraussetze, entbehre nicht der inneren Begründung, sondern sei das Ergebnis einer höheren Kulturentwickelung; sie sei von entscheidender Bedeutung für die Abgrenzung der Rechtskreise des Einzelnen, innerhalb deren sie ihre Individualität entfalten dürfen."[3]) Es kann dahin gestellt bleiben, ob diese Aus-

---

[1]) Wir werden später darauf zurückkommen, daß eigentlich nicht § 829, sondern § 828 (und § 827) das Prinzip durchbricht.

[2]) Protokolle, Bd. II S. 568f.

[3]) Vgl. zu dem diesen Ausführungen zu Grunde liegenden Gedanken: Linckelmann, Schadensersatzpflicht, S. 1ff.; Jung, Delikt und Schadensverursachung, S. 4ff.; Rümelin, Gründe der Schadenszurechnung, S. 4ff., 26ff. — Merkel, Die Kollision rechtmäßiger Interessen und die Schadensersatzpflicht, S. 145, führt aus: „Die Art der Ablehnung (des Veranlassungsprinzips) weist darauf hin, daß die Kommission sich mit dem hier in Betracht kommenden Gedanken nicht vertraut gemacht hat." Es wird sich doch nicht „behaupten lassen, daß diese Gesetze, welche gerade infolge des lebhaften Verkehrsbedürfnisses trotz der

führungen stichhaltig sind.[1]) Unterstellt man aber, daß die Anschauung der Mehrheit der Kommission für die Fassung, in der das Gesetz vorliegt, zutrifft, so ist es unerfindlich, wie das Gesetz zu einer Durchbrechung des Verschuldungsprinzips kommen kann gerade in dem Falle, in welchem von Schuld nie und nimmer die Rede sein kann, nämlich im Falle des § 829, wo die gewichtigsten, aus der Notwendigkeit eines besonderen Schutzes des schwachen Jugendlichen erwachsenden Bedenken eine Regelung in anderem Sinne dringend erforderten. Warum gerade hier eine Rückkehr zum Standpunkt des Rechts „niederer Kulturstufen" geboten erschien, ist schlechterdings nicht einzusehen. Diesen Gedanken vertrat auch eine Minderheit der Kommission, deren Einwendung besonderen Nachdruck erhält durch den Umstand, daß sie in Übereinstimmung mit dem Entwurfe auf dem Boden des reinen und undurchbrochenen Verschuldungsprinzips stand; sie führte aus:[2]) „Sämtliche Anträge bezwecken angeblich, das Verschuldungsprinzip als solches aufrecht zu erhalten und es nur in gewissem Umfange zu modifizieren; in Wirklichkeit würde aber die Annahme der Anträge einer Ersetzung des Verschuldungsprinzips durch das Veranlassungsprinzip gleichkommen; denn es würde jedenfalls inkonsequent erscheinen, eine Ersatzpflicht trotz des Nichtvorhandenseins eines Verschuldens nur in Ansehung der von deliktsunfähigen Personen und der in entschuldbarem Irrtum über die Unerlaubtheit begangenen Handlungen anzuerkennen."

Tatsächlich sind die Fälle, in denen das Verschuldungsprinzip nicht gewahrt ist, so schwerwiegend, daß sie geeignet erscheinen, das

ihnen im culpa-Prinzip entgegenstehenden juristischen Schwierigkeit zur Perfektion gelangt sind, „die Freiheit der Bewegung unerträglich beschränken." — Siehe endlich auch Binding, Normen, Bd. I S. 434 Anmerk. 4, der dort eine treffende Kritik des ersten Entwurfes und des Standpunktes der Kommission für die zweite Lesung gibt.

[1]) Wenn die Mehrheit der Kommission ihren Standpunkt ferner begründete durch den Hinweis: „Jedenfalls habe die Wissenschaft das Veranlassungsprinzip nicht soweit durchgebildet, daß es dem Gesetze zu Grunde gelegt werden könnte," so ist das einerseits nicht ganz zweifelsfrei. Andererseits aber, und das ist wichtiger, hat sich gerade die Kommission selbst bei allen möglichen passenden und unpassenden Gelegenheiten auf den Standpunkt gestellt, daß die Entscheidung der oder jener prinzipiellen Frage der Wissenschaft zu überlassen sei. Hätte die Kommission dieses schöne Vertrauen in die Wissenschaft nicht auch hier beweisen können?

[2]) Vgl. Protokolle, Bd. II S. 585. — Zu den von der Minderheit bekämpften Anträgen gehörte namentlich auch der, welcher die Aufnahme der Bestimmung des jetzigen § 829 verlangte.

Prinzip in sein Gegenteil zu verkehren und die Fälle angeblicher Wahrung des Prinzips als Ausnahmen erscheinen zu lassen.[1]) Auf die wichtigsten dieser Fälle möge kurz hingewiesen werden.[2])

Von Verschulden des Handelnden kann zunächst, wie schon bemerkt, nicht die Rede sein im Falle des § 829 BGB., was unten näher erörtert werden wird. — Ein weiterer Fall der Verletzung des Verschuldungsprinzips ist der des § 827 Satz 2.[3]) Voraussetzung der Ersatzpflicht ist hier die selbstverschuldete Trunkenheit des Handelnden. Durch die Herstellung des Zustandes der Trunkenheit wird aber das Verschulden konsumiert derart, daß es für die Beurteilung der in diesem Zustande begangenen Handlungen überhaupt nicht mehr in Betracht kommen kann, denn „das Verschulden muß sich, wie das in der strafrechtlichen Literatur allgemein anerkannt ist, auf die in dem Zustande der Deliktsunfähigkeit begangene schädigende Handlung beziehen." [4]) — In den Fällen der §§ 827 Satz 2, 831 Abs. 1 Satz 2,

[1]) Es ist deshalb auch gar nicht nötig, sich auf die mehr äußerlichen Umstände der Stellung der unerlaubten Handlungen im System des Gesetzbuches, der Überschrift des betreffenden Titels, der Frage bezüglich der Anwendbarkeit der Vorschrift des § 830 auf den Fall des § 833 — welche Frage z. B. Isay, Verantwortlichkeit für Tiere, S. 318 f. mit Bestimmtheit verneint — ꝛc. zu berufen. Vgl. hierüber insbesondere Müller, Begriff der unerlaubten Handlung, der eine eingehende Widerlegung der hier vertretenen Anschauung versucht.

[2]) Linckelmann, Schadensersatzpflicht, S. 7 bezeichnet die Stellungnahme des Bürgerlichen Gesetzbuches als „Annahme des Schuldprinzips, aber keine unbedingte Annahme, sondern eine Annahme unter Zulassung von Einschränkungen." Da er ferner den Begriff der Fahrlässigkeit nicht für den Begriff einer Schuld hält — a. a. O. S. 38 —, so überwiegen nach seiner eigenen Anschauung die Fälle der Einschränkung ganz gewaltig gegenüber denen der Befolgung des Prinzips; kann man da noch von der Annahme des Prinzips reden?

[3]) § 827 BGB.: „Wer im Zustande der Bewußtlosigkeit oder in einem die freie Willensbestimmung ausschließenden Zustande krankhafter Störung der Geistestätigkeit einem anderen Schaden zufügt, ist für den Schaden nicht verantwortlich. Hat er sich durch geistige Getränke oder ähnliche Mittel in einen vorübergehenden Zustand dieser Art versetzt, so ist er für einen Schaden, den er in diesem Zustande widerrechtlich verursacht, in gleicher Weise verantwortlich, wie wenn ihm Fahrlässigkeit zur Last fiele; die Verantwortlichkeit tritt nicht ein, wenn er ohne Verschulden in den Zustand geraten ist."

[4]) Vgl. von Liszt, Deliktsobligationen, S. 51. — Die Richtigkeit obigen Satzes verkennt Schollmeyer, Schuldverhältnisse, S. 113, wenn er sagt: „Die Voraussetzungen der Schadensobligation sind folgende: 1. . . . 2. Verschulden des Verletzers, also Vorsatz oder Fahrlässigkeit desselben. Letztere liegt schon dann vor, wenn jemand sich durch geistige Getränke, Haschischrauchen oder ähnliche Be-

832 Satz 2, 834 Satz 2, 836 Abs. 1 Satz 2, 837 und 838 ist dem beklagten Täter der Beweis auferlegt, daß ein Verschulden auf seiner Seite nicht vorgelegen habe; Schollmeyer[1]) bezeichnet dies als eine Abschwächung des Verschuldungsprinzips. Auch diese Tatsache unterstützt die hier vertretene Anschauung nicht unerheblich, denn in allen diesen Fällen bildet die Behauptung der Veranlassung oder Verursachung der Schädigung ein genügendes Klagfundament.

Als Hauptstütze unserer Anschauung nehmen wir aber die Bestimmung des § 829 BGB. in Anspruch. Die logische Interpretation dieser Vorschrift zeigt uns zunächst folgendes. § 829 beginnt mit der Voraussetzung: „Wer in einem der in den §§ 823 bis 826 bezeichneten Fälle für einen von ihm verursachten Schaden auf Grund der §§ 827, 828 nicht verantwortlich ist“ ꝛc. Daraus ergibt sich, daß nach dem Standpunkt des Gesetzes auch ein Kind[2]) einen Schaden verursachen kann in einer Weise, welche einen der in den §§ 823 bis 826 bezeichneten Tatbestände darstellt.[3]) Man könnte jene Voraussetzung für einen bestimmten Fall z. B. folgendermaßen fixieren: Ein Kind hat vorsätzlich das Eigentum eines anderen widerrechtlich verletzt, d. h. es hat die Beschädigung des Eigentums eines anderen veranlaßt oder verursacht durch die Betätigung eines auf die Herbeiführung einer sinnenfälligen

täubungsmittel in einen die freie Willensbestimmung ausschließenden Zustand versetzte.“ Hier liegt Fahrlässigkeit oder auch Vorsatz vor nur bezüglich der Herstellung des Zustandes, nicht aber bezüglich der schädigenden Handlung; in Ansehung dieser soll es so gehalten werden, „wie wenn dem Handelnden Fahrlässigkeit zur Last fiele.“ — Siehe auch Crome, System, Bd. I S. 484: „Zur Schuld gehört hier freiwilliges Versetzen in den betreffenden Zustand bei Vorstellbarkeit der möglicherweise daraus entstehenden Rechtsverletzung.“ — Vgl. ferner § 40 ALR. I, 6: „Wer sich selbst in einen vorübergehenden Zustand, in welchem er seiner Vernunft nicht mächtig ist, versetzt hat, muß auch den in diesem Zustande unwillkürlich verursachten Schaden ersetzen.“

[1]) Schuldverhältnisse, S. 113.

[2]) Es soll hier nur dieser Fall als der hauptsächlich interessierende exemplifizierend berücksichtigt werden.

[3]) Daß diese Schlußfolgerung nicht zutrifft für die Fälle des § 827, insbesondere den Fall der Bewußtlosigkeit, verkenne ich nicht. Ein Bewußtloser kann überhaupt nicht „handeln“, er kann keinen Willen betätigen. Ich sehe aber keinen Grund, welcher mich hindern sollte, diese Fälle in eine andere Beziehung zum System zu setzen, wie die Fälle des § 828 BGB. Genau analog verfährt für das Strafrecht die unten näher zu besprechende Entscheidung des Reichsgerichts vom 6. Juni 1882. Vgl. Bd. VI S. 336 d. Entsch. i. Straff.

Veränderung in der Außenwelt gerichteten Willens. Es ist das also etwa der mehrfach erwähnte Fall der Zertrümmerung einer Fensterscheibe durch einen Steinwurf. In diesem Falle soll der Täter, d. h. das Kind, unter den in § 829 näher bezeichneten Bedingungen ebenso haften, wie jeder andere Täter, d. h. eben auf Grund des oben festgestellten Tatbestandes, auf Grund der von ihm begangenen unerlaubten Handlung des § 823 BGB. Jene Verletzung ist die ersatzpflichterzeugende Tatsache. Wenn wir also annehmen, daß die Haftung des Kindes auf Grund des § 829 von der gewöhnlichen Haftung aus unerlaubten Handlungen qualitativ nicht verschieden ist,[1]) so folgt daraus für die Beurteilung der Bestimmung des § 828 Abs. 1, daß diese Vorschrift nur einen persönlichen Haftungsausschließungsgrund für das Kind festsetzt, nicht aber für das Tätigwerden des Kindes ein für allemal das Nichtvorhandensein eines Begriffsmerkmals der unerlaubten Handlung konstatieren will.

Diese Argumentation erscheint besonders zutreffend bei einem Vergleiche mit den analogen Bestimmungen des Strafrechts. Wir kommen nämlich für die unerlaubte Handlung des BGB. zu demselben Resultat, welches in Auslegung des § 55 StGB.[2]) das Reichsgericht mit anderen für richtig erkannt wissen will.[3]) In der Entscheidung vom 12. April 1882[4]) kommt das Reichsgericht aus verschiedenen, namentlich auch praktischen Rücksichten zu dem Ergebnis, daß daran festgehalten werden müsse, „daß der § 55 StGB. nach seinem Wortlaute, nach seiner Vorgeschichte, wie nach seinem Zusammenhange mit den übrigen Strafvorschriften lediglich eine auf die Person des Strafunmündigen beschränkte Unverfolgbarkeit desselben begründet, daß

[1]) D. h. weder dem Grunde nach, noch auch in Ansehung der Art der Haftung. Das Kind haftet also aus der unerlaubten Handlung nach den Vorschriften über die Haftung aus unerlaubten Handlungen.

[2]) § 55 Abs. 1 St.GB.: „Wer bei Begehung der Handlung das zwölfte Lebensjahr nicht vollendet hat, kann wegen derselben nicht strafrechtlich verfolgt werden."

[3]) Dagegen von Liszt, Lehrbuch, § 36: „Ohne Zurechnungsfähigkeit ist Schuld und damit Verbrechen unmöglich. Eben darum ist auch — und an diesem Satze muß ohne Ausnahme festgehalten werden — strafbare Teilnahme dritter Personen an der von einem Unzurechnungsfähigen gesetzten Rechtsverletzung begrifflich unmöglich." — Vgl. daselbst auch die Literatur zu dieser Frage.

[4]) Entsch. i. Straff. Bd. VI S. 187. — Vgl. auch Bd. VI S. 336: Entsch vom 6. Juni 1882.

er potentiell auch bei Strafunmündigen das Dasein strafbaren Willens und strafbaren Handelns in weiterem Sinne nicht ausschließt, und deshalb auch strafbare Teilnahme an der Straftat solcher Personen begrifflich zulässig ist."[1])[2])

Ob diese Entscheidung für das Strafrecht unbedingte Geltung in Anspruch nehmen darf, kann sehr wohl bezweifelt werden; für den Begriff der unerlaubten Handlung des bürgerlichen Rechts möchte ich an ihrem Grundgedanken festhalten vor allem deshalb, weil dem wesentlichsten der von dem Reichsgericht für das Strafrecht angeführten Argumente im BGB. eine besondere Betonung zu teil geworden ist. In der angezogenen Entscheidung heißt es nämlich: „Der § 55 StGB. stellt nicht den Grundsatz auf, daß „eine strafbare Handlung nicht vorhanden ist", wenn dieselbe von einer noch nicht zwölf Jahre alten Person begangen sei, sondern er verordnet, abweichend von dem Wortlaute der §§ 51 bis 54 StGB. lediglich, daß ein solcher Täter „strafrechtlich nicht zu verfolgen ist." Dadurch ist, wie der durch die Novelle vom 26. Februar 1876 dem § 55 StGB. hinzugefügte Absatz 2[3]) beweist, nicht einmal ausgeschlossen, daß der Täter anderweitig korrektionell oder disziplinarisch zur Strafe gezogen wird; nur die Zulässigkeit gemeiner krimineller Verfolgung und Bestrafung wird verneint." Tatsächlich ist allerdings in § 55 Abs. 2 StGB. von der Zulässigkeit einer nicht kriminellen Bestrafung des Strafunmündigen nicht die Rede, sondern nur davon, daß geeignete Maßregeln zur Beaufsichtigung und Besserung getroffen werden können; aus diesem

[1]) Auf die Bedeutung dieser letzteren Tatsache für das Civilrecht werden wir unten zurückkommen.

[2]) Das zweite in demselben Sinne ergangene Urteil vom 6. Juni 1882 stellt dem Falle der Jugendlichkeit des Täters in zutreffender Weise die Fälle der §§ 51, 52 StGB. gegenüber, in denen es entweder „an einem freien bewußten Handeln gänzlich fehlt", oder aber die an sich vorliegende „freie Bestimmbarkeit des Willens durch äußere Einwirkungen mittels Gewalt oder Drohungen in der ungestörten Entfaltung ihrer Tätigkeit gehemmt ist."

[3]) Dieser Absatz lautet nach einer weiteren, aber nur redaktionellen Abänderung durch den Art. 34 II EG. zum BGB.: „Gegen denselben (d. h. den noch nicht zwölfjährigen Täter) können jedoch nach Maßgabe der landesgesetzlichen Vorschriften die zur Besserung und Beaufsichtigung geeigneten Maßregeln getroffen werden. Die Unterbringung in eine Familie, Erziehungsanstalt oder Besserungsanstalt kann nur erfolgen, nachdem durch Beschluß des Vormundschaftsgerichts die Begehung der Handlung festgestellt und die Unterbringung für zulässig erklärt ist."

Grunde eben kann man auch zweifeln, ob das angeführte Argument des Reichsgerichts für das Strafrecht von Gewicht ist. Für das bürgerliche Recht bildet der § 829 BGB. eine Parallele zu dem § 55 Abs. 2 StGB.; in beiden Fällen wird eine von dem allgemein aufgestellten Grundsatze abweichende Behandlung des sehr Jugendlichen angeordnet, in beiden Fällen wird bestimmt, daß die allgemeine Schutzbestimmung unter Umständen im Interesse anderer und zu Ungunsten des Kindes außer Kraft treten soll.[1]) Während aber im Strafrecht die aus dem Begriffe der betreffenden Handlung an sich folgende kriminelle Strafbarkeit stets ausgeschlossen bleiben und nur die Möglichkeit anderer, strafähnlicher Maßnahmen gegeben werden soll, bestimmt § 829 BGB., daß unter besonderen Umständen der Handlung des Kindes qualitativ dieselben Rechtsfolgen entspringen sollen, wie den gleichartigen Handlungen anderer Menschen.[2]) Für solche Fälle hebt eben der § 829 die Sonderschutzbestimmung des § 828 Abs. 1 auf und das Kind haftet aus seiner unerlaubten Handlung nach den allgemeinen Grundsätzen über unerlaubte Handlungen.[3])

Nach den vorstehenden Ausführungen müssen wir auch die in den zitierten Entscheidungen des Reichsgerichts für das Strafrecht gezogenen Konsequenzen auf das bürgerliche Recht übertragen. Da es sich nämlich im § 828 Abs. 1 BGB. nur um einen persönlichen Haftungsausschließungsgrund handelt, ist Teilnahme an der unerlaubten Handlung eines Kindes möglich ebenso, wie nach Ansicht des Reichsgerichts Teilnahme an dem Verbrechen eines Strafunmündigen gesetzt werden kann. Die Handlung des Kindes ist un-

[1]) Das ist natürlich auch der Fall bei der Bestimmung des § 55 Abs. 2 StGB., denn ohne diese Vorschrift würde die kategorische Erklärung des Absatz 1 daselbst jede Einwirkung auf den Strafunmündigen, soweit eine solche Einwirkung eine Beschränkung der persönlichen Freiheit enthält, unmöglich machen.

[2]) Wenn man hiernach den Unterschied des § 55 Abs. 2 StGB. und des § 829 BGB. klar erkennen muß, so kann auch andererseits zum mindesten praktisch ein civilrechtliches Analogon zu der Vorschrift des § 55 Abs. 2 StGB. erblickt werden darin, daß z. B. das Vormundschaftsgericht aus dem Vorliegen einer unerlaubten Handlung des Kindes einen Grund zur Anordnung besonderer Maßregeln entnehmen kann (vgl. § 1837 ff. BGB.).

[3]) Meines Erachtens hat also durch die Bestimmung des § 829 BGB. „der Deliktsanspruch gegen den (sogenannten) nicht Deliktsfähigen" die Anerkennung gefunden, deren er bedarf, „um Geltung beanspruchen zu können." (Dagegen von Liszt, Deliktsobligationen, S. 18.)

erlaubt; ein Dritter, welcher an ihr teilnimmt, ist Teilnehmer an einer unerlaubten Handlung im Sinne der §§ 823 ff. BGB. und haftet nach § 830 als Mittäter, d. h. er ist vermöge der dort bestimmten gesamtschuldnerischen Haftung für den Schaden verantwortlich.[1]) Wenn z. B. A den sechsjährigen Knaben B dazu anstiftet, dem N die Fenster einzuwerfen,[2]) so kann sich N auf alle Fälle wegen des Ersatzes des Schadens an A, — wenn die Voraussetzungen des § 829 vorliegen, auch an den B halten. Das Kind B erscheint also keineswegs als willenloses Werkzeug. Erfordert die Billigkeit nach den Umständen, daß B nur einen Teil des entstandenen Schadens ersetzt, so kann N von A ergänzungsweise Ersatz fordern. Dies ist die eine Seite; andererseits, und dies ist besonders wichtig für die hier vertretene Anschauung von dem Begriffe der unerlaubten Handlung, ist N nicht gezwungen, vorzugsweise von A Ersatz zu verlangen; er kann vielmehr das Kind B in Anspruch nehmen, ohne überhaupt den Versuch gemacht zu haben, von A etwas zu erhalten.[3])

[1]) § 830 BGB. bestimmt: „Haben mehrere durch eine gemeinschaftlich begangene unerlaubte Handlung einen Schaden verursacht, so ist jeder für den Schaden verantwortlich ... Anstifter und Gehilfen stehen Mittätern gleich." — Das letztere bezieht sich natürlich nur auf die Art ihrer Haftung, nicht auf die rechtliche Qualifizierung ihrer Beziehung zu der Handlung. Leistet z. B. der A dem B Beihilfe zum Selbstmord, so erscheint A als Gehilfe zu der nicht unter § 823 fallenden Tötungshandlung des B; da diese Tötungshandlung nicht unter diese Bestimmung fällt, kommt auch § 830 nicht in Anwendung, es ist also auch A nicht etwa als Mittäter der Tötungshandlung anzusehen. Maßgebend ist nur, ob die Handlung des eigentlichen Täters ganz für sich betrachtet unerlaubt erscheint; erst wenn dieses festgestellt ist, kann ein etwaiger Teilnehmer als Mittäter betrachtet und nach § 830 in Anspruch genommen werden.

[2]) Vgl. auch Planck, Kommentar, Bd. II S. 622: „Es hat jemand entgegen einem polizeilichen Verbot an einen Knaben Schießpulver verkauft; der Knabe entzündet das Pulver und ein Dritter wird durch die Explosion verletzt. In Fällen dieser Art wird zu prüfen sein, ob nicht nach den Grundsätzen über den Kausalzusammenhang der Schaden nur als durch den einen der Beteiligten herbeigeführt zu gelten hat. Trifft dies nicht zu, so dürfte jeder der Beteiligten als verantwortlich anzusehen sein." Man sieht hieraus, daß selbst Planck, der sonst auf dem Boden des Verschuldungsprinzips steht, in diesem Falle nicht die Schuld, sondern die Verursachung für ersatzpflichterzeugend erachtet. — Gänzlich in der Luft steht die Behauptung Fischer-Henles — Bürgerl. Gesetzbuch, Erl. zu § 830 —, daß die Bestimmung des § 830 keine Anwendung für den Fall des § 829 finde.

[3]) Das ist die notwendige Folge der gesamtschuldnerischen Haftung, und ich meine, daß der Mangel der Vorausklage gegen A nicht einmal die Quantität

Selbst das mitwirkende Verschulden des A also bewirkt keine Befreiung des schuldlosen Kindes B,[1]) und gerade dieses Resultat beweist meines Erachtens deutlich, daß von einer reinen Billigkeitshaftung hier nicht die Rede sein kann, denn es kann ja vielmehr in einem solchen Falle gerade mit Rücksicht auf das Verschulden des A billig erscheinen, daß nur dieser haftbar gemacht wird. Die Tatsache, daß diese billige Erwägung nicht Platz greift, kann nur aus dem Umstande erklärt werden, daß das Gesetz die Qualität, den Grund der Haftung bei beiden Beteiligten für gleichwertig erachtet. In dem erwähnten Falle wird der Verletzte, genau wie in anderen Fällen gesamtschuldnerischer Haftung, lediglich vor die Frage gestellt: welcher Modus des Angriffs bietet mir die bessere Aussicht, die Aussicht auf einen quantitativ erheblicheren Ersatz? Fürchtet er danach, von dem mittellosen A überhaupt nichts zu erhalten, so entscheidet er sich für das Vorgehen gegen das Kind B und nimmt die Anwendung des § 829 in Kauf, welche eine rein quantitative Beschränkung der Ersatzpflicht des B zuläßt. Der Verletzte hat also die Wahl und die Möglichkeit, den Weg zu beschreiten, dessen Verfolgung ihm seiner Ansicht nach am besten zu der Ausgleichung der in seiner Rechtssphäre eingetretenen Störung verhilft.[2])

Wenn wir hiernach zu dem Resultate gelangen, daß auch ein Kind im Alter von noch nicht sieben Jahren unter Umständen fähig

---

der Haftung des B beeinflussen kann, da diese „nach den Verhältnissen der Beteiligten" zu bestimmen ist und bei der Klage gegen B zunächst nur N und B als Beteiligte in diesem Sinne in Betracht kommen.

[1]) Eine solche Befreiung des Kindes tritt selbst dann nicht ein, wenn einen aufsichtspflichtigen Dritten ein Verschulden trifft, denn als Voraussetzung der Ersatzpflicht des Kindes bezeichnet § 829 den Umstand, daß „der Ersatz des Schadens nicht von einem aufsichtspflichtigen Dritten erlangt werden kann." (Vgl. § 42 ALR. I, 6.) Hierzu bemerkt Planck, Kommentar, Bd. II S. 621 zutreffend: „Ob der Ersatz deswegen nicht zu erlangen ist, weil die Voraussetzungen des § 832 nicht zutreffen oder ob der an sich verantwortliche Aufsichtspflichtige im konkreten Falle zahlungsunfähig ist, macht keinen Unterschied." — Anders liegt der von Planck a. a. O. erwähnte Fall, daß „gegen ein Gesetz verstoßen ist, welches eine bestimmte Handlung, z. B. das Beleuchten einer Treppe gebietet, die Besorgung derartiger Angelegenheiten aber dem gesetzlichen Vertreter der deliktsunfähigen Person zufiel;" hier ist eben die unerlaubte Handlung nicht von dem Vertretenen, sondern einzig und allein von dem Vertreter begangen. — Vgl. Linckelmann, Schadensersatzpflicht, S. 110.

[2]) Vgl. oben S. 71 ff.

ist, eine unerlaubte Handlung im engeren und eigentlichen Sinne zu begehen und aus ihr zu haften,[1]) so wird uns auch klar, welche Stellung die §§ 828 Abs. 1 und 829 im System des Gesetzbuches und untereinander einnehmen. Der § 829 steht durchaus auf dem Boden des allgemein gültigen Prinzips der unerlaubten Handlung, indem er aus dem objektiv rechtswidrigen Eingriff in die Sphäre fremder Rechtsgüter, aus der Veranlassung einer Beschädigung auch dem Kinde eine Ersatzpflicht erwachsen läßt. Der § 828 Abs. 1 dagegen durchbricht dieses Prinzip, um dem Kinde den ihm mit Rücksicht auf seine allgemeine Schwäche gebührenden Schutz zu teil werden zu lassen. Auch im § 829 kommt dieser Schutzgedanke zum Ausdruck in der dort gegebenen Möglichkeit einer billigen Beschränkung der dem Kinde aus seiner Handlung erwachsenden Verpflichtungen. Die praktische Bedeutung der besprochenen Bestimmungen liegt darin, daß dem Richter die Abwägung der gegenüberstehenden Interessen des Verletzten und des jugendlichen Täters zur Aufgabe gemacht wird.[2])

[1]) Beiläufig erwähnt wurde bereits, daß diese Wirkung dem unwillkürlichen Tätigwerden des Kindes nicht beigelegt werden darf; in solchem Falle ist kein Wille vorhanden, es kann also auch von der Betätigung eines solchen, von einem vorsätzlichen oder fahrlässigen Handeln des Kindes nicht die Rede sein. Hier kann eine Ersatzpflicht auch nicht durch § 829 vermittelt werden, weil keiner „der in den §§ 823 bis 826 bezeichneten Fälle" vorliegt. Die gegenteilige Anschauung würde eine Verschlechterung der Stellung des Kindes gegenüber der des schuldfähigen Täters bedeuten, denn auch der Zurechnungsfähige haftet nicht bei unwillkürlichen Lebensäußerungen. Tatsächlich haben wir also in der Bestimmung des § 829 BGB. einen Fall rechtlicher Berücksichtigung der „natürlichen Willensfähigkeit" des Kindes vor uns, ein Umstand, der meines Erachtens gegenüber Endemann beweist, daß diese Berücksichtigung nicht prinzipiell ausgeschlossen ist. Vgl. oben S. 48ff. — Vgl. auch § 39 ALR. I, 6: „Ein durch unwillkürliche Handlungen verursachter Schade kann dem Handelnden nicht zugerechnet werden." Ferner: Österreichisches Allgem. Bürgerl. Gesetzbuch, § 1306: „Den Schaden, welchen jemand ohne Verschulden oder durch eine unwillkürliche Handlung verursacht hat, ist er in der Regel zu ersetzen nicht schuldig." — Siehe ferner Förster-Eccius, Preuß. Privatrecht, Bd. I § 27 S. 145: „Unter Zurechnung versteht man ..., daß der Handelnde seine Handlung und deren Folgen zu vertreten hat. Sie setzt freie Tätigkeit des Willens in der Richtung dieser Handlung voraus — ihr Gegensatz ist das unwillkürliche Handeln." Der hier, wie auch in den erwähnten Gesetzesstellen verwendete Ausdruck „unwillkürliches Handeln" enthält eine contradictio in adjecto, denn für das „Handeln" ist das Vorhandensein eines Willens zum Tätigwerden Voraussetzung.

[2]) Es ist dies ein Gegenstück zu der Bestimmung des § 254 BGB.; dort handelt es sich aber nicht um die Abwägung der Interessen im allgemeinen, sondern

In der hiernach nur qualifizierenden Bedeutung der Schuld liegt der innere Grund für die verschiedene Behandlung des Täters je nach der von ihm erreichten Entwickelungsstufe. Da eine Schuld bei dem Kinde im Allgemeinen nicht angenommen werden kann, entfällt ein seine unerlaubte Handlung qualifizierendes Moment, und dieser Umstand bewirkt die Möglichkeit einer quantitativ milderen Haftung des Kindes, nämlich derjenigen des § 829 BGB. Nur wenn auch die dort aufgeführten Billigkeitsgründe nicht mitsprechen, soll mit Rücksicht auf den Wegfall der qualifizierenden Schuld eine Ersatzpflicht überhaupt nicht eintreten. Zur Schuld aber ist dem Kinde seine unerlaubte Handlung nicht zuzurechnen deshalb, weil es die Erkenntnis der Verantwortlichkeit[1]) seines Tuns nicht zu besitzen pflegt, d. h. weil das Kind im allgemeinen nicht fähig ist, das Bewußtsein der Rechtswidrigkeit zu haben, weil es nicht fähig ist, zu erkennen, daß der von ihm vorgenommene Eingriff rechtswidrig ist.

Die Festsetzung der Kindesaltersgrenze hat auch hier nur die Bedeutung, daß dem Richter die Prüfung des Vorhandenseins jener Fähigkeit entzogen sein soll; ihr Nichtvorhandensein wird fingiert. Daß auch das Kind im einzelnen Falle sehr wohl die Fähigkeit zur Erkenntnis der Rechtswidrigkeit seines Eingriffs haben kann, ist leicht zu ersehen, wenn man berücksichtigt, auf welche Weise diese Fähigkeit erworben wird. Diese Entwickelung kommt, wenn auch zunächst nur in der Umkehrung, sehr deutlich zum Ausdruck in der von

---

um die vergleichende Beurteilung verschiedener Grade des Verschuldens. Vgl. Rümelin, Gründe der Schadenszurechnung, S. 9, welcher ausführt: Bei der Schadenshaftung sei „eine Abwägung der beiderseitigen Interessenlage erforderlich", und es müsse deshalb auch „die Qualität und Quantität des Verschuldens auf seiten des Ersatzpflichtigen modifizierend ins Gewicht fallen können." — In der erwähnten Interessenabwägung ist dem Richter völlig freie Hand gelassen; frühere Kodifikationen spezialisierten die zu berücksichtigenden Billigkeitsgründe. Vgl. §§ 41ff. ALR. I 6, §§ 1308ff. Österr. BGB. S. oben § 1.

[1]) Vgl. Protokolle, Bd. II S. 583, welche die Erkenntnis der Verantwortlichkeit definieren als „die Erkenntnis der Pflichten, welche das Zusammenleben der Menschen im Staate dem Einzelnen auferlegt." Diese Fassung erscheint zu unbestimmt, weshalb ich die oben gegebene vorziehen zu müssen glaube. Auch die Protokolle a. a. O. sagen ähnlich, daß es darauf ankomme, daß der Täter „sich bewußt gewesen sei, daß er widerrechtlich in eine fremde Interessensphäre eingreife." Vgl. auch Linckelmann, Schadensersatzpflicht, S. 109.

Stammler[1]) gegebenen Definition der Zurechnungsfähigkeit als „der subjektiven Möglichkeit, den Inhalt seiner Vorstellungen mit demjenigen von Vorstellungen anderer Menschen zu vergleichen und danach zu richten." Stammler fährt dann, zunächst nur mit Beziehung auf anomale geistige Zustände fort: „Da das Kriterium der Zurechnungsfähigkeit nur in der subjektiven Möglichkeit besteht, den Inhalt seiner Vorstellungen mit demjenigen der Vorstellungen anderer zu vergleichen und zu richten, so steht nichts im Wege, daß dieses im konkreten Falle in einzelnen Richtungen sehr wohl noch geschehen kann, während in anderer Beziehung jene Fähigkeit verloren gegangen ist." Für die hier zu behandelnde Frage kehrt sich diese Entwickelung um: Das Kind erreicht die Fähigkeit zur Erkenntnis der Rechtswidrigkeit eines Eingriffs stufenweise; es kann diese Fähigkeit im konkreten Falle in einzelnen Richtungen schon erworben haben, während es sie in anderer Beziehung noch nicht besitzt. Das Kind erreicht jene Fähigkeit lediglich durch Erfahrung, und da der Fortgang seiner allgemeinen Entwickelung seine Erfahrung nach und nach bereichert, so ergeben sich mit diesem Fortschreiten mehr und mehr Einzelfälle, bezüglich deren dem Kinde die Fähigkeit, jene Erkenntnis zu haben, zu teil wird.[2]) Man kann deshalb von einem Jugendlichen niemals sagen: Er hat für kein Gebiet der Rechtsgütersphäre die Fähigkeit zur Erkenntnis dessen, was als rechtswidriger Eingriff erscheint und was nicht, und daraus ergibt sich die Notwendigkeit einer Fiktion, gemäß welcher dem Jugendlichen in einem gewissen Alter ohne Rücksicht auf den Umfang des gesammelten Erfahrungsschatzes der Schutz der §§ 828, 829 BGB. schlechthin zu teil wird. Diese Fiktion erleidet auch keine Ausnahme in dem Falle des § 829 BGB.; hier tritt eben die Ersatzpflicht des Kindes ein, weil der persönliche Haftungsausschließungsgrund des § 828 Abs. 1 wegfällt und andererseits alle

---

[1]) Vgl. Schuldverhältnisse, S. 16 f. — Siehe auch Regelsberger, Pandekten, Bd. I S. 255.

[2]) Vgl. von Liszt, Deliktsobligationen, S. 52: „Die Haftung tritt also auch dann ein, wenn der Täter die Verantwortlichkeit nicht erkannt hat, wenn er sie nur vermöge seiner allgemeinen geistigen Entwickelung hätte erkennen können. Diese allgemein geistige Reife ist also in erster Linie zu prüfen; von ihrer Feststellung hängt die Deliktsfähigkeit ab. Aber sie ist zu prüfen im Hinblick auf die im Einzelfalle vorliegende Handlung. Sie kann für Körperverletzung oder gar für Tötung gegeben sein und für „illoyale" Handlungen oder Sachbeschädigungen fehlen."

Begriffsmerkmale der unerlaubten Handlung, zu denen jene Fähigkeit als schuldhaftes Moment nicht gehört, vorhanden sind.[1])

Insofern also, als dem Kinde die zur Erkenntnis seiner Verantwortlichkeit erforderliche Reife zu fehlen pflegt, insofern gründet sich seine durch § 828 Abs. 1 geschaffene Sonderstellung bezüglich der unerlaubten Handlungen auf seine Unfähigkeit, gewisse Tatsachen rechtlich zu bewerten.[2]) Dies bildet, wie wir oben feststellten, den Gegensatz zu der auf der Unfähigkeit zum rechtlichen Wollen beruhenden Geschäftsunfähigkeit des Kindes; diese beeinflußt begriffsmäßig, wie wir sahen, die Qualität des Handelns selbst, welches infolge davon rechtlich irrelevant erscheint, jene aber bewirkt, vermöge ihrer Berücksichtigung durch positive Gesetzesvorschrift, nur eine Änderung des rechtlichen Erfolges der an sich wirksam vorgenommenen Handlung.

§ 6.

2. Erwerb und Verlust von Besitz und Eigentum.

I. Aus der völligen Geschäftsunfähigkeit des Kindes folgt, wie wir oben ausführlich erörterten,[3]) auch seine Unfähigkeit zur Vornahme reiner Erwerbsgeschäfte, und wenn eine Verbesserung des Vermögensstandes eines Rechtssubjekts nur erfolgen könnte auf dem Wege der Vornahme eines Rechtsgeschäfts, so würde das Kind überhaupt nicht imstande sein, einen Vermögensvorteil selbständig zu erwerben. Diesem

---

[1]) Den Wegfall der Haftung bei Vorliegen eines entschuldbaren Irrtums erkläre ich mir aus der Tatsache, daß dem entschuldbar irrenden Täter für den in Betracht kommenden Kreis der Rechtsbeziehungen die Fähigkeit zur Erkenntnis der Rechtswidrigkeit seines Handelns tatsächlich fehlte. Es ist also in diesem einzigen Falle gegenüber der Präsumtion, daß jeder erwachsene und geistig normal veranlagte Mensch die Fähigkeit jener Erkenntnis besitzt, der Gegenbeweis zugelassen, daß es ihm durch seinen Irrtum unmöglich gemacht war, die Rechtswidrigkeit seines Handelns zu erkennen; und nur in diesem Falle ist der Gegenbeweis zugelassen, weil er nur in diesem Falle möglich erscheint. Hier wirkt also der Mangel jeden Verschuldens ebenso privilegierend, wie in den Fällen des § 828 BGB. Eine unerlaubte Handlung aber hat der entschuldbar irrende Täter begangen in gleicher Weise, wie das Kind.

[2]) Siehe oben S. 66ff.

[3]) Siehe § 2.

Standpunkt näherte sich der erste Entwurf durch die Bestimmung des § 800 Abs. 1, welcher sagte: „Eine geschäftsunfähige Person kann nicht durch eigene Handlungen Besitz erwerben.“ Vom Standpunkt des Entwurfes aus war diese Bestimmung eigentlich selbstverständlich, denn nach § 797 des Entwurfes erschien der Besitzerwerb nicht als reine, sondern als rechtsgeschäftliche Rechtshandlung in unserem Sinne. Nach dieser Bestimmung nämlich sollte zur Erwerbung des Besitzes einer Sache gehören „die Erlangung der tatsächlichen Gewalt über die Sache (Inhabung) in Verbindung mit dem Willen des Inhabers, die Sache als die seinige zu haben (Besitzwille).“ Daß auch ein Kind die tatsächliche Gewalt über eine Sache erlangen kann, ist ganz selbstverständlich,[1]) aber an dem Erwerbe des Besitzes im Sinne des ersten Entwurfes wurde es verhindert durch das Erfordernis des Vorhandenseins des Besitzwillens. Bezüglich dieses Besitzwillens bemerken die Motive:[2]) es werde erfordert, „daß behufs der Besitzerwerbung die Erlangung der tatsächlichen Gewalt durch eine bewußte und gewollte Handlung geschehe. Da die Vorschriften über den Besitz den Eigentumsnormen dienen, so muß der Willensinhalt der Annahme des Eigentums in der Person des Besitzerwerbers entsprechen. Dabei würde es nicht ganz zutreffend sein, wenn man die Willensrichtung als auf das Eigentumsrecht gehend bezeichnen wollte, animus dominii, denn nicht das Recht, sondern die dem Rechte entsprechende Stellung der Person zu der Sache, das Haben der Sache als die seinige, ist das Begehrte und Erstrebte.“ Auf die Herbeiführung der „dem Rechte entsprechenden Stellung der Person zu der Sache“ kann aber der Wille nur dann gerichtet sein, wenn der Wollende eine Vorstellung von diesem Rechte hat, denn der Wille muß neben der tatsächlichen Herstellung der Beziehung zwischen Person und Sache auch die rechtliche Qualifizierung dieser Beziehung als wesentlicher Inhalt des Eigentums umfassen.[3]) Wer also den Besitz einer Sache erwerben will, muß seine tatsächliche Gewalt über die Sache als Eigentumsmoment, als Moment der ausschließlichen Herrschaft über die Sache quali-

---

[1]) Vgl. Motive, Bd. III S. 85: „Den rechtlich geschützten Zustand der Inhabung können Kinder und Wahnsinnige durch eigene Handlungen herbeiführen, da zu der Herbeiführung desselben eine rechtlich bedeutsame Willenskundgebung nicht erforderlich ist.“

[2]) A. a. O. S. 82.

[3]) Vgl. oben § 4 S. 45 f.

fizieren wollen,[1]) und insofern ist dieser Besitzwille ein rechtsgeschäftlicher Wille, der nach dem ersten Entwurf durch das Vorhandensein dieses rechtsgeschäftlichen Willens bedingte Besitzerwerb eine rechtsgeschäftliche Rechtshandlung.[2])

Aus der Unfähigkeit des Kindes, einen Willen rechtlichen Inhalts zu haben, folgt also für den Standpunkt des ersten Entwurfes seine Unfähigkeit zum Erwerb des Besitzes. „Die Besitzerwerbungshandlung ist kein Rechtsgeschäft im Sinne der Vorschriften des Allgemeinen Teiles des Entwurfes, wohl aber ist sie eine Rechtshandlung. Der Entwurf bringt weder eine allgemeine Bestimmung, welche die analoge Anwendung der Vorschriften über Rechtsgeschäfte auf Rechtshandlungen vorschreibt, noch ist eine solche Vorschrift für den vorliegenden speziellen Fall gegeben; doch wird von dem Entwurfe eine solche analoge Anwendung nicht ausgeschlossen, vielmehr, da sonst leicht Lücken sich ergeben würden, vorausgesetzt. Bei Benutzung der Analogie ist die besondere Natur der einzelnen Rechtshandlung zu berücksichtigen. Die Besitzerwerbungshandlung (abgesehen vom Falle der Übergabe) ist eine einseitige Rechtshandlung, welche nicht einer bestimmten Person gegenüber vorgenommen wird. Man wird sie also dem entsprechenden Rechtsgeschäfte zu vergleichen haben." [3]) Diese durchaus zutreffenden Ausführungen begründen die Fixierung der erwähnten Bestimmung des § 800 Abs. 1 des Entwurfes; die Vorschrift traf an sich zweifellos das Richtige, und zweifelhaft konnte nur erscheinen, ob ihre Selbstverständlichkeit nicht der Aufnahme in den Entwurf hätte entgegenstehen müssen.

Die Kommission für die zweite Lesung beschloß die Streichung des § 800 des Entwurfes[4]) mit Rücksicht auf die grundlegende

---

[1]) Über die verschiedenen Definitionen dieses Besitzwillens in früheren Kodifikationen vgl. Motive, a. a. O S. 82 Anmerk. 1.

[2]) Der gemeine Besitz des ersten Entwurfs entspricht dem Eigenbesitz des BGB. Vgl. darüber unten S. 103 ff.

[3]) Motive a. a. O. S. 83.

[4]) Vgl. Protokolle, Bd. III S. 33: „Wenn die Mehrheit der Kommission sich entschieden habe, den Besitzwillen in § 797 zu streichen, so sei das nicht in der Absicht geschehen, den Besitzwillen vollständig zu negieren, sondern nur, weil die Erwähnung des Besitzwillens zu Mißverständnissen führen könne und weil derselbe in einzelnen Fällen nicht vorhanden zu sein brauche. Allgemein also lasse sich die Vorschrift des § 800 Abs. 1 auf den Besitz im Sinne des § 797 nicht anwenden; soweit sie aber richtig sei, werde sie als selbstverständlich angesehen werden können."

Änderung des § 797 des Entwurfes, welcher als § 854 Abs. 1 des Gesetzes die Fassung erhielt: „Der Besitz einer Sache wird durch die Erlangung der tatsächlichen Gewalt über die Sache erworben.“ Ein weiterer Antrag, dieser Bestimmung die Einschränkung hinzuzufügen: „wenn der Erwerber den Willen hat, die Sache in seiner Gewalt zu haben“, wurde abgelehnt. Zur Begründung dieser Ablehnung wurde ausgeführt:[1] „es müsse daran festgehalten werden, daß es sich nicht empfehle, das Vorhandensein eines auf die Erlangung der tatsächlichen Gewalt gerichteten Willens im Gesetz als Erfordernis des Besitzerwerbes aufzustellen. Diese Aufstellung sei in den zahlreichen Fällen entbehrlich, in denen nach Lage der Sache die Herstellung der tatsächlichen Gewalt ohne einen darauf gerichteten Willen nicht möglich sei, und für die Fälle bedenklich, in denen ein Erwerbswille desjenigen, welcher den possessorischen Schutz erlangen müsse, nur mit Hilfe willkürlicher Annahmen und Fiktionen zu konstruieren sei, so z. B. in dem Falle, wenn die für jemand bestimmte Sache in dessen Abwesenheit in seiner Wohnung niedergelegt werde. Die Frage, wie Fälle dieser Art aufzufassen seien, ob hier ein Besitzerwerb ohne Willen vorliege oder ob der Wille desjenigen, welcher der Sache die Bestimmung für den anderen gebe, ausreiche, sei in der Wissenschaft noch durchaus streitig ... Stelle das Gesetz das Willenserfordernis auf, so ergebe sich in den oben angedeuteten Fällen, wenn die Wissenschaft und die Praxis dazu gelangten, das Vorhandensein eines Erwerbswillens bei demjenigen, für welchen die Sache bestimmt sei, zu verneinen, das mißliche Ergebnis, daß an der Sache ein geschütztes Besitzverhältnis überhaupt nicht bestehe, ein Ergebnis, das mit dem Grundgedanken des Besitzesschutzes, den Rechtsfrieden durch Aufrechterhaltung der äußeren tatsächlichen Ordnung der Verhältnisse der Personen zu den Sachen zu bewahren, nicht vereinbar sein würde. Auch die aus dem Willenserfordernisse sich ergebende Unfähigkeit rechtlich willensunfähiger Personen zum Besitzerwerbe sei nicht unbedenklich.“

Aus dieser Entwickelung erhellt, daß der § 854 Abs. 1 BGB. nach der Anschauung der Kommission für die zweite Lesung einen Besitzerwerb unter Umständen auch zulassen wollte für solche Fälle, in denen der Erwerber einen auf die Erlangung des Besitzes gerichteten Willen überhaupt nicht hat, d. h. in denen die tatsächliche Gewalt als

---

[1]) Protokolle, a. a. O. S. 30f.

„die von der Verkehrsanschauung anerkannte Herrschaft der Person über die Sache“[1]) auch ohne einen solchen Willen der Person hergestellt werden kann. Daß auch das Kind fähig ist, auf diese Weise Besitz zu erwerben, bedarf keiner weiteren Erörterung, denn z. B. in dem vielgenannten Fall des Einwurfs eines Briefes in den an der Wohnung des Adressaten befindlichen Briefkasten muß es für den Erwerb des Besitzes an diesem Briefe gleichgültig sein, ob der Adressat geschäftsfähig ist oder nicht, solange man den Besitzerwerb als mit dem Einwurf vollzogen betrachtet.[2])

Aber auch in den Fällen, in welchen die Herrschaft der Person über die Sache von der Verkehrsanschauung nur dann anerkannt wird, wenn die Erlangung der tatsächlichen Gewalt von dem Erwerber gewollt war, muß man dem Kinde die Fähigkeit zum Erwerbe des Besitzes zuerkennen. Die tatsächliche Gewalt über eine Sache ist weiter nichts, als das „Haben“ der Sache, ein einfacher tatsächlicher, nicht rechtlicher Begriff, der, wie wir oben[3]) sahen, auch dem unentwickelten Kinde verständlich und geläufig zu sein pflegt. Darüber, ob ich eine Sache „in meiner tatsächlichen Gewalt habe“, entscheidet die Verkehrsanschauung, und von ihrem Votum hängt es ab, ob der von mir rein subjektiv als „Haben“ betrachtete und gewollte sinnenfällige Zustand meinen Besitz zu begründen imstande ist. Dieses Wert-

---

[1]) Vgl. Planck, Kommentar, Bd. III S. 32. Ebenso von Staudinger, Kommentar, Bd. III S. 7: Das Kriterium der tatsächlichen Gewalt ist „aufzufassen im weiteren Sinne nach den Anschauungen des Lebens und des Verkehrs unter freier Würdigung der verschiedenen Tatbestände.“ — Ähnlich, wenn auch weniger präzis, Kniep, Der Besitz des Bürgerlichen Gesetzbuchs, S. 94.

[2]) Hätte man den Besitzwillen zum Erfordernis des Besitzerwerbs gemacht, so würde man in diesem Falle ohne eine Fiktion nicht ausgekommen sein. So aber erscheint die Herrschaft des Adressaten über den eingeworfenen Brief als von der Verkehrsanschauung anerkannt. — Vgl. Strohal, Der Sachbesitz nach dem Bürgerlichen Gesetzbuche (Jherings Jahrbücher, Bd. 38), S. 66 f., welcher zutreffend bemerkt, es werde „in zahlreichen Fällen die Entscheidung der Frage, ob die tatsächliche Gewalt über die Sache begründet worden ist, von dem Dasein eines auf die Erlangung derselben gerichteten Willens und von dem Maße der Betätigung dieses Willens abhängig sein;“ an sich sei aber dieser Wille nicht Voraussetzung des Besitzerwerbes. — Andererseits meint von Staudinger a. a. O. S. 7: „Das Gesetz unterstellt jedem schutzbedürftigen äußeren Machtverhältnisse über eine Sache einen dementsprechenden Besitzwillen als etwas Selbstverständliches.“ — Vgl. auch Matthiaß, Lehrbuch, Bd. II S. 8, 9.

[3]) Siehe § 2, insbesondere S. 12 ff.

urteil der Verkehrsanschauung liegt aber durchaus außerhalb der subjektiven Beziehung der Person zur Sache und braucht deshalb von dem Willen der ersteren nicht umfaßt zu werden. Nur die Herstellung des von der betreffenden Person als „Haben" betrachteten, rein tatsächlichen Zustandes braucht gewollt zu sein;[1]) der Wille ist also nur auf eine sinnenfällige Veränderung der Außenwelt, nicht auf eine rechtliche Bewertung dieser Veränderung gerichtet. Wir haben es also auch bei dieser Erscheinungsform des Besitzerwerbs mit einer von dem Vorhandensein eines rechtliche Beziehungen umfassenden Willens gänzlich unabhängigen, mit einer reinen Rechtshandlung zu tun.[2]) — In diesem Sinne führt von Staudinger[3]) zutreffend aus: „Der Besitzwille wird in ganz natürlichem Sinne aufzufassen sein, d. h. ohne Rücksicht auf die rechtlichen Unterscheidungen der Willensfähigkeit. So wird z. B. ein Geisteskranker unter Umständen ganz gut diesen natürlichen Besitzwillen haben können, ebenso ein Kind unter 7 Jahren; ein völlig Willensunfähiger dagegen, wie z. B. ein Säugling, aber nicht. Ob eine solche völlige Willensunfähigkeit vorliegt, muß jeweils Tatfrage sein."

Demgegenüber steht Endemann[4]) auf dem Standpunkt, daß den geschäftsunfähigen Kindern und Geisteskranken der selbständige Erwerb des Besitzes nicht möglich sei, und zwar „vor allem, weil das ‚Erlangen der tatsächlichen Gewalt' nicht nur das äußerliche Greifen, sondern

[1]) Vgl. Strohal, Sachbesitz, S. 4f.: Nach dem BGB. „beruht der Sachbesitz auf der Inhabung (naturalis detentio), so zwar, daß jeder Inhaber einer Sache im natürlichen Sinne grundsätzlich zugleich auch Besitzer im technischen Sinne ist."

[2]) Ebenso Manigk, Anwendungsgebiet, S. 91 Anmerk. 3: „Die Besitzerwerbs- und -Verlusthandlungen des römischen wie des modernen Rechts sind keine Rechtsgeschäfte. Der animus possidendi des römischen Rechts ist nicht der Erfolgswille," d. h. nicht „der Wille zum Rechtserfolg." Siehe auch S. 217 daselbst. — Anderer Ansicht Leonhard, Allg. Teil, S. 259, welcher den Besitzerwerb betrachtet als Rechtshandlung, „die den eigentlichen Rechtsgeschäften ähnlich ist," was in unserem Sinne rechtsgeschäftliche Rechtshandlung bedeuten würde. Gleichwohl verneint Leonhard die Zulässigkeit analoger Anwendung der Regeln über Rechtsgeschäfte auf die Besitzergreifung, was doch von seinem Standpunkt aus nur logisch sein würde.

[3]) Siehe a. a. O. Bd. III S. 8. — Anderer Ansicht Endemann, Lehrbuch, insbesondere Bd. I S. 127 Anmerk. 8 und 10, Bd. II § 37. Vgl. oben § 4 S. 48ff. und die folgenden Ausführungen.

[4]) Vgl. Lehrbuch, Bd. I S. 127 Anmerk. 10. — Siehe auch oben a. a. O.

die Einnahme einer stark geschützten Rechtsposition bedeutet: die Kinder und Geisteskranken aber, wie sich aus allen weiteren Vorschriften des BGB. ergibt, für rechtlich wirksame Vorgänge als selbständige Personen überhaupt nicht in Betracht kommen." Meines Erachtens ist die Tatsache, daß der Erwerber des Besitzes in eine besonders geschützte Rechtsposition eintritt, für die Entscheidung der hier erörterten Frage überhaupt nicht von Bedeutung um deswillen, weil der Erwerber die Herstellung dieser Rechtsposition gar nicht zu wollen, weil er ihren Eintritt sogar nicht einmal sich vorzustellen braucht, da ja die Erlangung der Position nach dem Begriffe des Besitzerwerbs als einer Rechtshandlung in die Erscheinung tritt nicht deshalb, weil sie gewollt ist, sondern als ungewollte und notwendige Rechtsfolge einer gewollten, rein tatsächlichen sinnenfälligen Veränderung der Außenwelt. Wenn schon der Wille des Erwerbers, wie wir sahen, das Werturteil der Verkehrsanschauung über die hergestellte Beziehung zwischen Person und Sache nicht zu umfassen braucht, so liegt offenbar die Vorstellung von dem erst durch den Ausfall jenes Urteils der Verkehrsanschauung bedingten Eintreten einer gewissen „Rechtsposition" um so mehr und gänzlich außerhalb des Bereiches des Erwerbswillens. In dieser Beziehung unterscheidet sich der Besitzerwerb tatsächlich nicht wesentlich von dem Eigentumserwerb durch Verarbeitung,[1]) sofern diese selbst, was ja wohl stets der Fall sein wird, gewollt ist: hier nämlich tritt auch das verarbeitende Kind in die noch viel stärker geschützte Rechtsposition des Eigentümers ein, ohne daß es etwas anderes als die tatsächliche Verarbeitung einer Sache gewollt haben und ohne daß es ihm möglich sein müßte, sich von dem Begriffe der ipso iure eintretenden Rechtsfolge des Eigentumserwerbs eine Vorstellung zu machen. Wenn aber, wie hier bei der Frage des Besitzerwerbs, Zweifel darüber entstehen, ob jemand zur Vornahme einer Rechtshandlung fähig ist oder nicht, so kann diese Frage doch nur nach den Voraussetzungen dieser Vornahme, nicht nach deren Folgen entschieden werden; das, was ich wollen kann, ist maßgebend für das, was ich erreiche, aber nicht umgekehrt.

Wenn sich Endemann ferner gelegentlich dagegen verwahrt,[2]) daß man behauptet, seine Lehre ginge von der Unterstellung aus, daß

---

[1]) Daß das Kind durch Verarbeitung Eigentum erwirbt, erkennt auch Endemann a. a. O. als richtig an.

[2]) Vgl. Lehrbuch, Bd. II S. 155 Anmerk. 11.

der Besitzerwerb ein Rechtsgeschäft sei, so hat er mit dieser Verwahrung allerdings recht. Der Grund für diesen ihm gemachten Vorwurf ist aber leicht einzusehen: Endemann betrachtet nämlich den Besitzwillen als einen rechtliche Beziehungen umfassenden Willen und damit die Besitzerwerbshandlung als eine rechtsgeschäftliche Rechtshandlung in unserem Sinne, indem er ausführt:[1]) „Die Fähigkeit, durch eigene Handlungen sich eine Rechtsposition zu schaffen, wird nur dem zuerkannt, dessen Einsicht die juristische Bedeutung des Vorganges zu begreifen vermag." Meines Erachtens ist eben diese Einsicht in die juristische Bedeutung, deren das Kind zweifellos nicht fähig ist, kein Erfordernis der Besitzerwerbshandlung. Die von Endemann zur Begründung dieser seiner Anschauung herangezogene „Analogie zum Domizilwillen"[2]) kann ich nicht anerkennen, da meiner Ansicht nach der Domizilwille gerade im Gegensatz zum Besitzwillen rechtliche Momente umfaßt und deshalb, wie es § 8 zum Ausdruck bringt, dem Kinde die Wohnsitzbegründung unmöglich macht.[3])

Endemann führt hierzu ferner aus:[4]) „Der selbständige Besitzerwerb seitens des Verkehrsunfähigen würde auch jeder praktischen Bedeutung entbehren; denn alle Schutzmittel wie auch alle Rechtsfolgen des Besitzes können doch nur durch den gesetzlichen Vertreter ausgeübt werden."[5]) Wenn dieses Argument Gewicht haben sollte, so müßte man auch die Erwerbsfähigkeit des Minderjährigen im Alter von mehr als sieben Jahren nach § 107 für praktisch bedeutungslos erklären, denn auch dieser Minderjährige kann weder über das Erworbene selbständig verfügen, noch auch die Schutzmittel in Klage, Einrede ꝛc. selbständig ausüben. Demgegenüber ist wesentlich meines Erachtens

---

[1]) A. a. O. S. 154 f.

[2]) A. a. O. S. 155 Anmerk. 10.

[3]) Vgl. unten § 7.

[4]) A. a. O. S. 156.

[5]) Auch diese Voraussetzung ist meines Erachtens nicht ganz richtig, denn der Selbsthilfe gegenüber verbotener Eigenmacht z. B. kann sich auch das Kind selbständig bedienen, und auch diese Selbsthilfe ist ein „Schutzmittel," welches nur dem Besitzer zur Verfügung gestellt wird. So würde nach Endemann die Selbsthilfe nach § 859 Abs. 2 den Tatbestand einer unerlaubten Handlung begründen, wenn das nach ihm nicht im Besitze befindliche Kind sich ihrer bedient, d. h. das Kind würde aus § 829 haften. (Da Endemann bezüglich der unerlaubten Handlung das Verschuldungsprinzip acceptiert, würde die Selbsthilfe zwar nicht eigentlich als unerlaubte Handlung, aber doch als ersatzpflichterzeugend erscheinen.)

nur, daß das Kind durch seine Besitzerwerbshandlung dem gesetzlichen Vertreter die rechtliche Möglichkeit zur Anwendung jener Schutzmittel gibt; der von Endemann[1]) behauptete Ersatz jener Schutzmittel durch „Verfolgung zivilrechtlich wegen unerlaubter Handlungen und strafrechtlich wegen Diebstahls" dürfte meines Erachtens kaum genügen angesichts der Einfachheit der Begründung des possessorischen Anspruches und mit Rücksicht auf die Tatsache, daß ein solcher Ersatz keineswegs stets zur Verfügung stehen wird.[2])

Im Sinne der hier vertretenen Anschauung bemerkt Planck:[3]) „Die Erlangung der tatsächlichen Gewalt genügt zum Besitzerwerb. Ein auf die Erlangung der Gewalt gerichteter Wille des Erwerbers ist nur insoweit erforderlich, als ohne ihn nicht zwischen der Person und der Sache eine Beziehung hergestellt sein würde, welche nach der Verkehrsanschauung die Herrschaft der Person über die Sache begründet."[4]) Wenn ich z. B. einem auf der Straße spielenden Kinde vom Fenster meines Zimmers aus einen Ball zuwerfe, so wird das Kind zweifellos den Besitz des Balles erwerben, wenn es ihn auffängt und in das Ballnetz tut.[5]) Hier ist die Erforschung des „Willens" des erwerbenden Kindes überhaupt überflüssig. Wenn aber der Ball in den Zweigen eines Baumes hängen bleibt, so wird ein weiteres Moment nötig, damit die Verkehrsanschauung die Beziehung des Kindes zu dem Balle als Herrschaft des Kindes betrachten kann, und dieses Moment ist der auf die Herabholung des Balles, als auf etwas rein tatsächliches gerichtete Wille des Kindes. Dieser Wille wird z. B. darin zum Ausdruck kommen können, daß das Kind einen Vorübergehenden bittet, den Ball von dem Baume herabzuschütteln. Schon das Hervortreten dieses Willens aber läßt den Besitzerwerb des Kindes vollendet erscheinen, und ein Vorübergehender, der den Ball

---

[1]) A. a. O. S. 156f.

[2]) Sehr zweifelhaft erscheint es mir, ob man bezüglich der strafrechtlichen Verfolgung überhaupt von einem Ersatz des possessorischen Schutzmittels reden kann. Vgl. darüber die Ausführungen in § 5, insbesondere S. 70ff.

[3]) Kommentar, Bd. III S. 32.

[4]) Für die Fähigkeit des Kindes zum Besitzerwerb macht es, wie die folgenden Ausführungen zeigen werden, keinen Unterschied, ob es sich um originären oder derivativen Erwerb handelt.

[5]) Vgl. Cosack, Lehrbuch, Bd. II S. 69: „Nicht die ‚Gewalt', sondern die ‚Herrschaft' über die Sache gibt Besitz; und meist ist es erst der Wille des Gewalthabers, der seine Gewalt zur Herrschaft erhebt."

herabschüttelt und an sich nimmt, entzieht dem Kinde den Besitz des Balles, auch wenn dieses den Ball noch gar nicht in Händen gehabt hat.

Bei der Betrachtung des zuletzt angezogenen Beispiels drängt sich die Frage auf, ob in Ansehung der Fähigkeit des Kindes der derivative Besitzerwerb dieselbe Beurteilung verdient, wie der originäre.[1]) Aus unseren bisherigen Ausführungen ergibt sich mit Notwendigkeit, daß einerseits auch im Falle der Übertragung das Kind stets dann Besitz erwirbt, wenn es die Sache in seine tatsächliche Gewalt bekommt, und daß andererseits dem Kinde der Besitz nicht übertragen wird, wenn der Abschluß eines Rechtsgeschäfts Voraussetzung des Besitzüberganges ist. Das letztere, um dies vorauszunehmen, ist zweifellos im Falle des § 854 Abs. 2 BGB., wo vor allem der dingliche Vertrag der „Einigung" Voraussetzung des Besitzerwerbes ist;[2]) auf diese Weise kann also das Kind Besitz nicht erwerben.

In den Fällen aber, in denen der Erwerber durch die Übertragung unmittelbar die tatsächliche Gewalt über die Sache erlangt, ist der Mangel einer Einigung nicht von Bedeutung für den Erwerb des Besitzes.[3]) „Wer die tatsächliche Gewalt über eine Sache erlangt," sagt Manigk[4]) durchaus zutreffend, „erwirbt ex lege das Besitzrecht, mag zur Erlangung der Gewalt der Vorbesitzer seinerseits beitragen und zustimmen, oder nicht." „Nicht durch eine Einigung,

[1]) Die Frage, ob der Besitz überhaupt derivativ erworben werden kann, wird jetzt allgemein in bejahendem Sinne entschieden; vgl. insbesondere Strohal, Sachbesitz, S. 81 ff. — Einschränkend Enneccerus-Lehmann, Lehrbuch, Bd. II S. 19: „Als derivativen Besitzerwerb können wir nur denjenigen ansprechen, bei welchem der Successor die Fehlerhaftigkeit des Besitzes ohne Rücksicht auf seine Kenntnis derselben gegen sich gelten lassen muß. Das ist nach § 858 nur der Fall beim Besitzerwerb des Erben. Nur hier haben wir also derivativen Besitzerwerb anzunehmen." — Für die Möglichkeit derivativen Erwerbs ebenfalls Endemann, Lehrbuch, Bd. II S. 143 ff.

[2]) Vgl. Strohal, Sachbesitz, S. 81 ff.; Planck, Kommentar, Bd. III S. 33.

[3]) Siehe Endemann, Lehrbuch, Bd. II S. 143: „Insofern der Besitz in dem rein physischen Gewaltverhältnisse über eine Sache besteht, kommt für ihn die Ableitung von einem Vormanne überhaupt nicht in Betracht. Er entsteht nicht aus dem Rechte des Vorbesitzers, noch gilt für ihn der Satz, daß der Erwerber nicht mehr Rechte erlangen kann, als der Veräußerer selbst hat. Daher wird die tatsächliche Besitzherrschaft autochthon begründet durch die Gewaltaneignung, es mag sich um eine besitzlose oder um eine im Besitz eines andern stehende Sache handeln. Auf die Berechtigung und den guten Glauben kommt es dabei nicht an, weil in dem nackten Tatbestande der Rechtsfrieden geschützt werden soll."

[4]) Vgl. Anwendungsgebiet, S. 201, 261.

sondern lediglich durch den einseitigen Willen des Vorbesitzers ist die ‚Besitzübertragung‘ bedingt.[1]) Ein Konsens wird nicht gefordert. Der Erwerber braucht, sobald der Wille des Vorbesitzers vorliegt, vielmehr nur zu apprehendieren. Das Recht des Besitzes erwirbt er dann nach Abs. 1 § 854." Auf Grund dieser meines Erachtens durchaus einleuchtenden Erwägungen kommt Manigk[2]) zu dem Resultat, daß der Besitzerwerb auch bei der Übertragung stets auf einer reinen Rechtshandlung des Erwerbenden beruht.[3]) Das ist, wie Manigk zutreffend weiter ausführt, juristisch konsequent, „da sich gezeigt hat, daß auch bei letzterer (d. h. der derivativen) Erwerbsart ein rechtsgeschäftlicher Wille nicht erfordert wird, sondern nur der auch beim originären Erwerb zu fordernde ‚Besitzwille‘, zu dem man allgemein die Geschäftsunfähigen zuläßt, weil er sich auf keinen rechtlichen Erfolg richtet." Und weiter weist Manigk mit Recht darauf hin, daß es praktisch geradezu unsinnig wäre, wenn man dem Kinde nur den originären Besitzerwerb gestatten, den selbständigen derivativen Erwerb aber verbieten wollte. Nach dieser Auffassung müßte sich der Geschäftsfähige „in fraudem legis einer List bedienen, wollte er den Besitzerwerb bei dem Kinde ermöglichen: Er müßte den Gegenstand fortwerfen, d. h. seinen Besitz erst aufgeben, und es nun dem Kinde überlassen, ob es originär die Apprehension vornimmt. Geschieht dies, so hätte es endlich Besitz erworben."[4])

---

[1]) Derselben Meinung z. B. Matthiaß, Lehrbuch, Bd. II S. 9, insonderheit Anmerk. 3. — Die Berufung der Gegner dieser Anschauung auf die Fassung des § 854 Abs. 2 ist meines Erachtens verfehlt: die Worte „die Einigung genügt" deuten keineswegs darauf hin, daß die Einigung auch sonst bei derivativem Erwerbe zu fordern sei; sie bringen vielmehr nur zum Ausdruck die durchaus natürliche Auffassung, daß diese „Einigung" gegenüber der sonst allein erforderten Erlangung der tatsächlichen Gewalt ein Minus sei.

[2]) Anwendungsgebiet, S. 204.

[3]) Dagegen Planck, Kommentar, Bd. III S. 33, der diese Erwerbshandlung als rechtsgeschäftliche Rechtshandlung in unserem Sinne auffaßt, im übrigen aber ausführt: „Die Einigung des bisherigen Besitzers und des Erwerbers hat im § 854 Abs. 2 dieselbe rechtliche Bedeutung wie in allen andern Fällen des konsensualen Besitzerwerbes, des Besitzerwerbes durch Übergabe. Sie ist auch dann, wenn sich der Erwerb durch sofortige Ausübung der Gewalt seitens des Erwerbers vollzieht, von Bedeutung, aber nicht als gesetzliche Voraussetzung des Besitzerwerbes als solchen, sondern nur als Voraussetzung für die Feststellung, daß sich der Besitzerwerb durch Übergabe vollzogen hat."

[4]) Vgl. Anwendungsgebiet, S. 204.

Zur Vornahme der reinen Rechtshandlung des Besitzerwerbes ist also auch das Kind fähig.[1][2]) Die praktische Bedeutung dieser Feststellung liegt, wie bereits erwähnt wurde, darin, daß sie ein Korrektiv gewährt gegen die im Gesetz bestimmte Unfähigkeit des Kindes zum Erwerb durch Rechtsgeschäfte derart, daß dem Kinde wenigstens ein possessorischer Schutz in Beziehung auf eine ihm zugewendete und in seinen Händen befindliche Sache zugebilligt wird.[3])

---

[1]) Vgl. für das gem. Recht Windscheid, Pandekten, Bd. I § 155, insbesondere auch die dort erwähnte 1 32 § 2 D 41, 2. — Dernburg, Pandekten, Bd. II § 179: „Im Falle einer Tradition an das Kind nämlich genügt außer der körperlichen Besitznahme das Habenwollen des Kindes, obwohl von einem vollbewußten Besitzwillen desselben nicht die Rede sein kann. Denn hier steht ein Geschäftsakt im Hintergrunde, dessen Bedeutung auch ein Kind empfinden mag." Auch diese Regel erwuchs offenbar aus dem Bestreben, dem Kinde die Vorteile unentgeltlichen Erwerbes nach Möglichkeit zugänglich zu machen. Vgl. oben § 2, insbesondere S. 16ff.

[2]) Ebenso Strohal, Sachbesitz, S. 75ff.; von Staudinger, Kommentar, Bd. III S. 8; Dernburg, Bürgerliches Recht, Bd. III S. 57; Kniep, Besitz, S. 49; Matthiaß, Lehrbuch, Bd. II S. 9. — Enneccerus-Lehmann, Lehrbuch, Bd. II S. 16 führen aus: „Ja, es kann jeder animus fehlen: auch der Geisteskranke, das infans erwirbt durch Inbesitznahme von Sachen Besitz." Diese Ausdrucksweise ist zwar recht unklar, soll aber offenbar bedeuten, daß nach Anschauung der Verfasser das Kind unfähig ist, den Besitzwillen zu haben. — Gänzlich unverständlich Cosack, Lehrbuch, Bd. II S. 69f.: „Die Frage, ob eine geschäftsunfähige Person selbständig ... Besitz erwerben kann, ... kann im Einzelfall, z. B. wenn es sich um den Erwerb von Eß- oder Spielwaren handelt, sehr wohl bejaht werden." Meines Erachtens dürfte die Entscheidung solcher wichtigen Fragen nicht als „Gefühlssache" betrachtet werden.

[3]) Auch die Rechtsfolgen der verbotenen Eigenmacht nach § 858ff. BGB. kann das Kind heraufbeschwören, denn wir haben es, wie von Liszt, Deliktsobligationen, S. 16, richtig bemerkt, „in der verbotenen Eigenmacht mit einer ‚Rechtshandlung' zu tun, deren Rechtswirkungen zweifellos auch dann eintreten, wenn dem Handelnden die Geschäftsfähigkeit mangelt," also mit einer reinen Rechtshandlung in unserem Sinne. Ebenso zutreffend ist von Liszts Hinweis, daß die verbotene Eigenmacht an sich nicht Delikt ist, wohl aber zugleich den Tatbestand eines Delikts erfüllen kann: in diesem Falle hat der durch die Eigenmacht des Kindes Verletzte neben den possessorischen Schutzmitteln noch die des Anspruchs aus der unerlaubten Handlung nach Maßgabe der §§ 828, 829 BGB. Erfüllt die verbotene Eigenmacht den Tatbestand eines Deliktes nicht, so tritt, anders als bei den unerlaubten Handlungen des Kindes, keine Haftungsbeschränkung ein, was seinen Grund darin hat, daß bei der verbotenen Eigenmacht ein Verschulden auch nicht qualifizierend in Betracht kommt. Vgl. auch Endemann, Lehrbuch, Bd. II S. 169f.

II. Wie bereits oben erwähnt wurde, hat die Kommission für die zweite Lesung die Fassung der Besitzlehre des ersten Entwurfs nicht etwa für von Grund aus verfehlt, sondern nur für mißverständlich und unzweckmäßig erachtet. Die Kommission[1]) hat sogar, namentlich mit Rücksicht auf die Lehre vom Eigentumserwerb, die gesetzliche Verwendung des Besitzbegriffes des Entwurfes als eines Sonderfalles des Besitzes für unumgänglich notwendig erachtet. So entstand die Bestimmung des § 872 BGB., welche ihrem Grundgedanken nach schon in der Kommission für die zweite Lesung fixiert wurde und in der Redaktionskommission ihre endgültige Fassung erhielt dahin:

„Wer eine Sache als ihm gehörend besitzt, ist Eigenbesitzer."

Der Eigenbesitz des Gesetzbuches entspricht hiernach im wesentlichen dem Besitze nach der Lehre des ersten Entwurfs. Zum Erwerbe des Eigenbesitzes ist erforderlich neben der Erlangung der tatsächlichen Gewalt über die Sache der „Besitzwille" im rechtlichen Sinne, d. h. der Wille des Erwerbers, die Sache als die seinige, wie ein Eigentümer zu haben. Dieser Wille ist wohl zu unterscheiden von der „opinio dominii", d. h. der Erwerber braucht nicht etwa zu glauben, er sei Eigentümer der Sache. „Nicht das Recht", sagen die Motive, wie wir bereits oben sahen, „sondern die dem Rechte entsprechende Stellung der Person zu der Sache ... ist das Begehrte und Erstrebte."[2]) Der Wille auf Herstellung „der dem Rechte entsprechenden Stellung der Person zu der Sache" muß aber sinngemäß eine rechtliche Qualifizierung der herzustellenden Beziehung umfassen, der Erwerb des Eigenbesitzes ist also eine rechtsgeschäftliche Rechtshandlung.[3]) Daraus folgt, daß das Kind Eigenbesitz selbständig nicht erwerben kann.[4])

---

[1]) Vgl. Protokolle, Bd. III S. 227 f.

[2]) Vgl. Endemann, Lehrbuch, Bd. II S. 120: „Eigenbesitzer ist nicht, wer eine eigene Sache zu besitzen meint, sondern jeder, der dinglich mit Ausschluß anderer und nur für sich die Sache haben will."

[3]) Vgl. oben § 4.

[4]) Derselben Ansicht Manigk, Anwendungsgebiet, S. 213 f.; Planck, Kommentar, Bd. III S. 62, wo es heißt: „Eigenbesitz kann seinem Begriffe nach ohne Willen nicht erworben werden. Diese Willenskundgebung ist kein Rechtsgeschäft, aber eine Rechtshandlung, auf welche die Vorschriften über Rechtsgeschäfte, insbesondere über Geschäftsfähigkeit und Vertretung, entsprechende Anwendung finden." — Gegen die oben vertretene Anschauung: Dernburg, Bürgerliches Recht, Bd. III S. 57; Kniep, Besitz, S. 96, 105.

Die Feststellung der Unfähigkeit des Kindes zum selbständigen Erwerb des Eigenbesitzes ist von besonderer Bedeutung für die Stellung des Kindes zum originären Eigentumserwerb[1]) auf Grund des Eigenbesitzes. Es folgt nämlich daraus, daß das Kind weder durch Ersitzung[2]) (§§ 900, 927, 937 ff. BGB.), noch durch Aneignung (§ 958 BGB.) selbständig Eigentum erwerben kann. Für beide Eigentumserwerbsarten ist die Erlangung des Eigenbesitzes Voraussetzung,[3]) und zu dessen Erlangung muß sich das Kind der Hilfe seines gesetzlichen Vertreters bedienen.

Die Frage, ob die Aneignung ein Rechtsgeschäft sei, hielten die Motive[4]) für vom Entwurfe offen gelassen. Inhaltlich war diese Frage wohl damals schon in verneinendem Sinne entschieden.[5]) Für das Gesetzbuch bemerkt Planck[6]) in völliger Übereinstimmung mit der hier vertretenen Anschauung: „Auf den Erwerb des Eigentums braucht der Wille des Besitznehmers nicht gerichtet zu sein. Auch derjenige, welcher eine herrenlose Sache in der irrigen Meinung, daß sie nicht herrenlos sei, in Eigenbesitz nimmt, erwirbt daher das Eigentum an ihr. Die Aneignung ist hiernach kein Rechtsgeschäft. Zum Erwerbe des Eigenbesitzes ist aber eine Willenskundgebung erforderlich, die sich als eine Rechtshandlung darstellt, auf welche die für Rechtsgeschäfte geltenden Vorschriften entsprechende Anwendung finden."[7]) Dieser

---

[1]) Der derivative Erwerb des Eigentums durch Übertragung setzt Einigung des bisherigen Eigentümers und des Erwerbers voraus; die Vornahme des Rechtsgeschäfts der Einigung verbietet dem Kinde seine Geschäftsunfähigkeit. Vgl. Dernburg, Bürgerliches Recht, Bd. III S. 57 Anm. 9.

[2]) Ebenso Manigk, Anwendungsgebiet, S. 215 ff., der mit Recht darauf hinweist, daß das Kind auch den zur Ersitzung erforderlichen „guten Glauben" nicht haben kann.

[3]) Dies hat Manigk a. a. O. S. 30, soweit es sich um die Aneignung handelt, offenbar übersehen, wenn er ausführt: „Was sollte den Gesetzgeber veranlassen, demjenigen, der eine herrenlose Sache bloß an sich nimmt, um sie etwa zu beschauen und dann wieder fortzuwerfen, mit der Besitzergreifung sogleich Eigentum zu geben." In diesem Falle kann ja gar nicht die Rede davon sein, daß der Betreffende die Sache „als ihm gehörend" hat besitzen wollen; er hat also keinen Eigenbesitz und deshalb auch kein Eigentum erworben.

[4]) Vgl. Bd. III S. 370.

[5]) Ebenso Kniep, Besitz, S. 96.

[6]) Vgl. Bd. III S. 220.

[7]) Anderer Ansicht von Staudinger, Kommentar, Bd. III S. 108; Manigk, Anwendungsgebiet, S. 24 ff., welcher die Okkupation (und ebenso die Dereliktion) für Rechtsgeschäfte hält, und zwar von seinem Standpunkte aus

Charakter der rechtsgeschäftlichen Rechtshandlung muß der Aneignung gewahrt bleiben vor allem deshalb, weil sie sich vom Erwerb des Eigenbesitzes überhaupt nicht durch innere Momente des Wollens des Subjekts unterscheidet, sondern nur durch das rein äußere, objektive Moment der Tatsache, daß die ergriffene Sache herrenlos ist.[1] Wenn ich eine Sache an mich nehme, um sie als mir gehörend, wie ein Eigentümer zu haben, so braucht der Erfolg dieser Handlung in seinem ganzen Umfange zunächst noch gar nicht erkennbar zu sein; stellt sich später heraus, daß die Sache in eines anderen Eigentum steht, so habe ich nur Eigenbesitz erworben; ergibt sich aber die Herrenlosigkeit der Sache, so habe ich schon mit jener Ergreifungshandlung das Eigentum an der Sache erworben.

Die Erlangung des Eigenbesitzes kann der gesetzliche Vertreter des Kindes diesem vermitteln; ist dies geschehen, so kann, da es eines weiteren Willensmomentes nicht bedarf, auch das Eigentum von dem Kinde erworben werden. Daß aber jene Voraussetzung der Erlangung des Eigenbesitzes nicht ohne die Mitwirkung des gesetzlichen Vertreters des Kindes begründet werden kann, ist sehr wichtig, denn in dieser Tatsache kommt ein besonderer Schutz des Kindes zum Ausdruck insofern, als ihm der Erwerb eines eine Gefährdung des Rechts-

---

konsequent, da er ja die Erklärung des Willens nicht für ein Essentiale des Rechtsgeschäfts hält. (Vgl. oben § 4.) — Andererseits würde nach Jhering, Besitzwille, S. 205, die Aneignung als reine Rechtshandlung in unserem Sinne zu betrachten sein, da nach seiner Ansicht der Eigentumserwerb bei der Okkupation sich genau so wie bei der Spezifikation „an den äußeren Akt als solchen knüpft." Diese Anschauung vertritt anscheinend auch Cosack, Lehrbuch, Bd. II S. 131. — Wenn Leonhard, Allg. Teil, S. 259, bezüglich der Aneignung die Frage aufwirft: „Warum soll man z. B. den Kindern und Wahnsinnigen verwehren, für sich Schmetterlinge einzufangen, sofern sie wissen, was sie tun?" — und weiter bemerkt: „dagegen scheint mir ihre Verwendung zur stellvertretenden Ausübung eines Jagdrechts bedenklich," — so berücksichtigt er damit Umstände, die mit der Frage gar nichts zu tun haben, wie die Höhe des Objekts und die Gefährlichkeit des jagenden Kindes; bezüglich des letzteren Punktes übersieht er außerdem, daß die von ihm perhorreszierte Möglichkeit durch landesgesetzliche Jagdpolizeibestimmungen ausgeschlossen werden kann und wohl allgemein ausgeschlossen ist. Vgl. auch die treffenden Ausführungen bei Manigk, Anwendungsgebiet, S. 211 f., wo auch fernere in der Literatur vertretene Anschauungen über die Frage der Natur der Aneignung erörtert werden; vgl. insbesondere S. 29 Anm. 2 daselbst.

[1]) Ebenso offenbar Endemann, Lehrbuch, Bd. II S. 340.

güterstandes des Erwerbenden in sich bergenden Eigentums unmöglich gemacht werden kann. Es erwächst dies aus der Erwägung, daß auch ein anscheinend nur vorteilbringender Erwerb unter Umständen dem Erwerbenden zum Nachteil gereichen kann; dieselbe Rücksicht kam, wie wir oben sahen,[1]) bei der Festsetzung der Unfähigkeit des Kindes zur Vornahme reiner Erwerbsgeschäfte in Betracht.

Auch in anderen Fällen haben wir die Unfähigkeit des Kindes zum selbständigen Erwerb des Eigenbesitzes bereits in Beziehung zu jenem Schutzgedanken setzen können, nämlich bei der Erörterung der Bestimmungen der §§ 833, 835, 836 BGB.,[2]) welche eine Schadensersatzpflicht des Eigenbesitzers einer Sache herleiten aus der Tatsache, daß durch die im Eigenbesitz befindliche Sache einem anderen ein Schaden zugefügt wird. Auch hier bedeutet die Unfähigkeit des Kindes zum selbständigen Erwerb des Eigenbesitzes und die daraus folgende Notwendigkeit der Mitwirkung des gesetzlichen Vertreters bei Vornahme dieser Rechtshandlung einen wirksamen Schutz des Kindes.

Selbstverständlich dürfte es erscheinen, daß das Kind durch Verbindung, Vermischung oder Verarbeitung (§§ 946 bis 951 BGB.) selbständig Eigentum erwerben kann. Bei dem Erwerb durch Verbindung (§§ 946, 947 BGB.) und dem durch Vermischung oder Vermengung (§ 948 BGB.) ist die Voraussetzung der Eigentumsänderung die rein objektive Tatsache einer mit der Sache geschehenen Veränderung, und es ist vollständig gleichgültig, auf welche Weise diese Veränderung herbeigeführt ist, ob durch die Tätigkeit eines Handlungsfähigen oder durch Zufall, Naturkräfte rc.[3])

Die Herstellung einer neuen beweglichen Sache durch Verarbeitung oder Umbildung von Stoffen[4]) erscheint dagegen als Rechtshandlung und bewirkt als solche unter den in § 950 näher bezeichneten Voraussetzungen einen Eigentumserwerb des Herstellers. „Das Verarbeiten (Umbilden) ist kein Rechtsgeschäft", sagt Planck,[5]) „da die an die Handlung geknüpfte Rechtswirkung, der Eigentumserwerb, nicht davon abhängt, daß sie von dem Verarbeitenden gewollt ist. Auch als eine Rechtshandlung, auf welche die für Rechts-

[1]) Vgl. § 2, insonderheit S. 21 ff.

[2]) Siehe oben § 5.

[3]) Vgl. Endemann, Lehrbuch, Bd. II S. 330.

[4]) § 950 BGB.

[5]) Siehe Bd. III S. 206.

geschäfte geltenden Vorschriften entsprechende Anwendung finden, wird man die Verarbeitung nicht ansehen dürfen, da der innere Grund der hier fraglichen Vorschrift nicht in der Anerkennung des Willens des Verarbeitenden, sondern in dem wirtschaftlichen Werte der Arbeitstätigkeit liegt.[1]) Für letzteren aber macht es insbesondere keinen Unterschied, ob die Tätigkeit eines Geschäftsfähigen oder eines Geschäftsunfähigen in Frage steht; auch ein Geschäftsunfähiger kann daher durch Verarbeitung Eigentum erwerben."[2]) Es bedeuten diese Ausführungen nichts anderes, als die von uns gegebene Formulierung, daß die rein objektive Bewertung des wirtschaftlichen Erfolges der Arbeitstätigkeit und die Bedeutungslosigkeit der Vorgänge im Innern des Handelnden diese Verarbeitung und Umbildung als reine Rechtshandlung, zu deren Vornahme auch das Kind fähig ist, erscheinen lassen.[3]) [4])

Dieses Resultat liegt auch durchaus im Interesse des Kindes, wie es ja überhaupt nur billig erscheint, daß jeder den Vorteil seiner Arbeit genieße. Zu bemerken ist aber, daß die Vorschrift des § 951 BGB., wonach derjenige, welcher infolge der Verbindung, Vermischung oder Verarbeitung einen Rechtsverlust erleidet, von dem durch die Rechtsänderung Begünstigten Schadensersatz nach den Vorschriften über die Herausgabe einer ungerechtfertigten Bereicherung fordern kann, auch dann Anwendung findet, wenn das Kind derjenige ist, „zu dessen Gunsten die Rechtsänderung eintritt." Hat das Kind eine

---

[1]) In dieser Beziehung bildet der Rechtserwerb aus der Verarbeitung u. s. w. gewissermaßen ein Gegenstück zu der Ersatzpflicht aus unerlaubten Handlungen: in beiden Fällen soll der wirtschaftliche Erfolg der Handlung nach Möglichkeit nur den Handelnden treffen: der wirtschaftliche Werte zerstörende Erfolg der unerlaubten Handlung soll nur ihm zur Last fallen, der wirtschaftliche Werte schaffende Erfolg der Verarbeitung u. s. w. soll nur ihm zum Vorteil gereichen.

[2]) Vgl. auch Endemann, Lehrbuch, Bd. II S. 332; von Staudinger, Kommentar, Bd. III S. 100.

[3]) Ebenso Manigk, Anwendungsgebiet, S. 217; Matthiaß, Lehrbuch, Bd. II S. 55 f.; Cosack, Lehrbuch, Bd. II S. 137; Enneccerus-Lehmann, Lehrbuch, Bd. II S. 88. — Leonhard, Allg. Teil, S. 259 f., betrachtet die Verarbeitung als eine „den eigentlichen Rechtsgeschäften ähnliche" Rechtshandlung und hält es merkwürdigerweise für „sehr bedenklich, wahnsinnige Arbeitsgehilfen zu Verarbeitungen von Rechts wegen zuzulassen."

[4]) Der Eigentumserwerb des Kindes an Fundsachen wird aus praktischen Rücksichten im Zusammenhange mit der Lehre von der Geschäftsführung ohne Auftrag behandelt werden. Vgl. darüber § 7.

fremde Sache verarbeitet oder umgebildet, so wird es durch diese seine Handlung ersatzpflichtig genau so, wie wir es bei den unerlaubten Handlungen des Kindes festgestellt haben. Hier kann also dem Kinde nur ein vorbeugender Schutz durch Beaufsichtigung seitens des gesetzlichen Vertreters zu teil werden.

III. Auch die Beendigung des Besitzes kann das Kind durch eigene Handlungen herbeiführen, indem es die tatsächliche Gewalt über die von ihm besessene Sache aufgibt.[1]) Wie beim Erwerbe des Besitzes der Wille des Erwerbers nur auf die Herstellung der sinnlich wahrnehmbaren, äußeren Beziehung der Person zur Sache gerichtet zu sein braucht, so umfaßt der Wille zur Aufgabe der tatsächlichen Gewalt nur die Lösung jener sinnenfälligen Beziehung. Wenn das Kind die Sache nicht mehr „haben" will, wenn es sie wegwirft oder einem andern übergibt, so verändert es damit bewußt seine Beziehung zu der Sache, welche nun nicht mehr von der Verkehrsanschauung als Herrschaft über die Sache anerkannt wird. Ebenso wie beim Erwerbe des Besitzes braucht auch bei der Aufgabe des Besitzes der Wille des beteiligten Kindes jenes „Werturteil der Verkehrsanschauung" nicht mit zu umfassen; das Kind braucht die Erscheinung dieses Werturteils weder zu wollen, noch auch vorauszusehen, es braucht also seine Handlung nicht auf die ihm versagte Betätigung eines Willens rechtlichen Inhalts gerichtet zu sein.

Auf einem anderen Standpunkte steht Planck;[2]) er will die Aufgabe des Besitzes durch willkürliche Beendigung der tatsächlichen Gewalt über die Sache den Vorschriften über Rechtsgeschäfte unterstellen, sie also nicht als reine, sondern als rechtsgeschäftliche Rechtshandlung betrachtet wissen.[3]) „Das Aufgeben ist kein Rechtsgeschäft, aber eine

---

[1]) § 856 Abs. 1 BGB.: „Der Besitz wird dadurch beendigt, daß der Besitzer die tatsächliche Gewalt über die Sache aufgibt oder in anderer Weise verliert." — Unklar Dernburg, Bürgerliches Recht, Bd. III S. 61: „Besitzaufgabe fordert Willensfähigkeit. Natürlich können aber auch Willensunfähige ihren Besitz dadurch aufgeben, daß sie die tatsächliche Gewalt über die Sache schlechthin beseitigen, z. B. ein Geisteskranker wirft seine Bücher in das Meer."

[2]) Kommentar, Bd. III S. 38.

[3]) Ähnlich, aber meines Erachtens ohne ausreichende Begründung, Endemann, Lehrbuch, Bd. II S. 151: „Das Aufgeben der tatsächlichen Gewalt bedeutet einen rechtsgeschäftlichen Akt, der sich mit der körperlichen Entäußerung verbindet;" und dazu Anmerk. 13 daselbst: „Daher besteht kein Zweifel, daß ein Kind z. B. durch Weggeben oder Wegwerfen seiner Halskette oder Mütze sich des

Rechtshandlung, auf welche die Vorschriften über Rechtsgeschäfte entsprechend anwendbar sein dürften. Indessen kommt dies nur für die Fälle in Betracht, in denen sich gerade an den durch Aufgeben herbeigeführten Besitzverlust Rechtsfolgen knüpfen. Wo es nur auf den Verlust des Besitzes überhaupt ankommt, ist die Unwirksamkeit der Aufgabeerklärung unerheblich, falls die Gewalt demungeachtet verloren gegangen ist." Ich halte diese Ansicht für unzutreffend und mir scheint, als ob sie mit Plancks eigener Anschauung vom Besitzerwerb im Widerspruch stünde. Wie es sich bei dem Erwerbe des Besitzes nur um die Herstellung der Herrschaft der Person über die Sache handelt, so umfaßt der Besitzaufgebungswillen auch lediglich die Beseitigung der tatsächlichen Beziehung der Person zur Sache, welche Beziehung von der Verkehrsanschauung als Herrschaft über die Sache anerkannt wird, und alle späteren, an die Aufgabe des Besitzes sich knüpfenden Rechtsfolgen bleiben bei diesem Aufgebungswillen außer Berücksichtigung. Weder beim Erwerbe, noch bei der Aufgabe des Besitzes umfaßt der Wille die rechtliche Qualifizierung des betreffenden Verhältnisses, d. h. der Erwerber oder Aufgeber will nicht den Besitz erwerben oder aufgeben, sondern er will die tatsächliche Gewalt über die Sache, d. i. eine räumliche Beziehung zu dieser, begründen oder beseitigen; betätigt er diesen Willen mit Erfolg, dann erwirbt oder verliert er den Besitz der Sache. Wenn sich dann „gerade an den durch Aufgeben herbeigeführten Besitzverlust Rechtsfolgen knüpfen", und zwar solche Rechtsfolgen, deren Eintritt ipso iure mit diesem Besitzverlust erfolgt, so erwachsen diese natürlich auch dann, wenn dieser Verlust durch Aufgabe seitens eines geschäftsunfähigen Kindes herbeigeführt ist. Anders, und zwar so, wie Planck — meiner Ansicht nach unzutreffend — für alle Fälle behauptet, verhält es sich nur dann, wenn die weiteren Rechtsfolgen nicht durch den Besitzerwerb allein und direkt, sondern, wie z. B. bei der Dereliktion, durch ein weiteres Tätigwerden des bisherigen Besitzers vermittelt werden; dann entsteht die weitere Frage, ob das Kind zur Vornahme dieser weiteren Handlung fähig ist, und wenn dies nicht der Fall ist, so erwachsen, wie z. B. gerade in dem erwähnten Falle der Dereliktion, jene weiteren Rechtsfolgen nicht. Die Tatsache aber, daß das Kind den Besitz durch

Besitzes nicht entäußern kann. Geht allerdings dabei die Sache verloren — die Kette fällt in den Fluß, die Mütze wird gestohlen —, so ist der Besitz infolge der Vernichtung der tatsächlichen Gewalt untergegangen."

die Aufgabe verloren hat, kann durch diese weitere Entwickelung eine Modifikation nicht mehr erleiden.

Da auch der Eigenbesitz durch den Verlust der tatsächlichen Gewalt über die Sache beendigt wird, so ist das Kind auch zur Aufgabe des Eigenbesitzes fähig. Der Besitz ist ja überhaupt die Voraussetzung des Eigenbesitzes, da jemand eine Sache nur als ihm gehörend besitzen kann, wenn er sie eben besitzt, und deshalb muß auch unter allen Umständen mit der Beendigung des Besitzes der Eigenbesitz aufhören. Gibt also das Kind den Besitz auf, so verliert es naturgemäß auch den Eigenbesitz, und die Tatsache, daß das Kind den Eigenbesitzwillen, den zu haben es nicht fähig ist, auch nicht aufgeben kann, daß vielmehr dieser Wille bei dem gesetzlichen Vertreter des Kindes weiterhin vorhanden sein kann, ist rechtlich bedeutungslos.

Auf andere Weise als durch willkürliche Beendigung der tatsächlichen Gewalt über die Sache kann das Kind den Besitz nicht aufgeben.[1]) So kann das Kind z. B., was wohl keiner weiteren Begründung bedarf, den Besitz nicht aufgeben durch Einigung mit dem Erwerber, der in der Lage ist, die tatsächliche Gewalt über die Sache auszuüben.[2]) Ebenso ist unwirksam die Aufgabeerklärung des Kindes zu Gunsten des unmittelbaren Besitzers der in seinem, des Kindes mittelbaren Besitze befindlichen Sache.[3]) Solche Erklärungen rechtswirksam abzugeben verbietet dem Kinde seine Unfähigkeit zum Wollen rechtlicher Erfolge.

---

[1]) Vgl. Strohal, Sachbesitz, S. 108, welcher dort folgendes Beispiel anführt: „Jemand, der durch Erbgang Besitzer eines Grundstücks geworden ist, gibt den Besitz durch öffentlich kundgemachte Erklärung frei, weil ihm die Behauptung und Verwaltung des Besitzes zu kostspielig ist. Solche Erklärung ist rechtsgeschäftlicher Natur und deshalb nur wirksam, wenn der Erklärende unbeschränkt geschäftsfähig ist."

[2]) § 854 Abs. 2 BGB.

[3]) Da der mittelbare und der unmittelbare Besitz nicht Abarten, sondern nur Erscheinungsformen des gemeinen Besitzes sind, bedürfen sie keiner gesonderten Betrachtung. Dagegen muß erwähnt werden, daß das Kind auch als Besitzdiener im Sinne des § 855 BGB. erscheinen kann; zur Begründung dieser Eigenschaft genügt schon, daß dem Kinde im elterlichen Hause Gegenstände zur Benutzung überlassen werden, denn „im § 855 bezeichnen die Worte ‚für einen andern' weder den Willen des Ausübenden, die Gewalt für den andern auszuüben, denn dieser Wille ist unerheblich und ein gegenteiliger Wille schließt für sich allein das Besitzdienerverhältnis nicht aus; noch bedeuten jene Worte die Ausübung der Gewalt im Interesse des anderen." (Planck, Kommentar, Bd. III S. 37.)

Eine besondere Art der freiwilligen Beendigung des Besitzes, neben dem in den §§ 810ff. geregelten Besitzverlust durch Aufhören der tatsächlichen Gewalt über die Sache, ließ der erste Entwurf zu in der Bestimmung des § 808: „Der Besitz wird dadurch beendigt, daß der Besitzer den Willen erklärt, die Sache nicht mehr als die seinige zu haben (Aufgeben des Besitzes).“ Zugeschnitten war diese Bestimmung auf die Besitzlehre des Entwurfes, welcher zum Besitz einen besonderen „Besitzwillen“ rechtlichen Inhalts erforderte. Mit Rücksicht auf die oben gegebene Qualifizierung dieses Besitzwillens erschien die Bestimmung des § 809 des Entwurfes, wonach „auf das Aufgeben des Besitzes durch eine geschäftsunfähige oder in der Geschäftsfähigkeit beschränkte Person die Vorschriften über das Aufgeben von Rechten durch ein von einer solchen Person vorgenommenes Rechtsgeschäft“ entsprechende Anwendung finden sollten, vom Standpunkte des Entwurfes selbstverständlich. Die §§ 808, 809 des Entwurfes wurden in der Kommission für die zweite Lesung [1]) mit Rücksicht auf die Veränderung der Besitzlehre gestrichen. Es wurde dabei ausgeführt: „Regelmäßig werde der Besitz allerdings nur durch Aufhören des physischen Verhältnisses der tatsächlichen Gewalt beendigt. Es gebe indessen auch Fälle, in welchen die ernstliche Erklärung des Willens, daß man den Besitz nicht mehr haben wolle, genüge, um denselben zu beendigen. Dies treffe da zu, wo der Besitz einer Person nur aus dem ernstlichen Willen derselben hergeleitet werden könne, die Gewalt über die Sache auszuüben. Einer besonderen Vorschrift im Gesetze bedürfe es aber für diese Fälle nicht.“ Die im letzten Satz ausgesprochene Anschauung verdient zweifellos Zustimmung auch gerade für die Fälle, in denen es sich um die Aufgabe des Besitzes durch ein Kind handelt, insofern, als auch hier im einzelnen Falle eine verschiedene Beurteilung Platz greifen kann. In dem erwähnten Falle des mittelbaren Besitzes des Kindes z. B. kann die Erklärung des Aufgabewillens zu Gunsten des unmittelbaren Besitzers der Sache aus dem gleichfalls erwähnten Grunde rechtliche Berücksichtigung nicht finden. In dem anderen angeführten Falle des in den Zweigen eines Baumes hängenden Gummiballes aber kann man ein wirksames Aufgeben des Besitzes an dem Balle seitens des Kindes z. B. darin finden, daß das Kind von seinen Versuchen, den Ball herabzuholen,

---

[1]) Protokolle, Bd. III S. 34.

freiwillig absteht. In diesem Falle richtet sich der Wille des Kindes nur auf die Tatsache des Einstellens seiner Bemühungen zur Erlangung des Balles, und die Betätigung dieses auf etwas rein Tatsächliches gerichteten Willens des Kindes bewirkt ohne ferneres Wollen und Zutun desselben, daß nunmehr die Verkehrsanschauung seine Beziehung zu dem Balle nicht mehr als Herrschaft anerkennt, daß also damit die tatsächliche Gewalt des Kindes über den Ball verloren geht.

Zu dieser Frage führt Matthiaß[1]) aus: „Besitzverlust tritt auch ein, wenn der Besitzer die tatsächliche Gewalt aufgibt. Wo das räumliche Verhältnis so bedeutungsvoll ist, daß darin allein die tatsächliche Gewalt gegeben ist, genügt der geäußerte Besitzaufgabewille nicht, wohl aber da, wo die tatsächliche Gewalt gerade aus der Willensäußerung sich herleitete. Der betreffende Willensakt hat rechtsgeschäftliche Natur, weil es sich um die Aufgabe einer Rechtsposition handelt." Dieser letztere Satz trifft nur zu für diejenigen Fälle, in denen sich der Besitzaufgabewille tatsächlich auf die Aufgabe des Besitzes als solchen, also auf etwas Rechtliches richtet; ein solcher Fall ist z. B. der des § 854 Abs. 2. In denjenigen Fällen aber, in denen sich „die tatsächliche Gewalt aus der Willensäußerung herleitet", handelt es sich nicht um einen auf den Rechtserfolg der Besitzbeendigung gerichteten Willen, sondern vielmehr um einen Willen, der die Beendigung einer rein tatsächlichen Beziehung der Person zur Sache zum Inhalte hat. Diesen Willen aber kann auch das Kind haben.

Die Grundsätze der Bestimmungen der §§ 808, 809 des ersten Entwurfes müssen jetzt sinngemäß Anwendung auf die Beendigung des Eigenbesitzes finden. Die Aufgabe des Eigenbesitzes durch Aufgeben des Eigenbesitzwillens ist dem Kinde nicht möglich, da das Kind eine Sache nicht „als ihm gehörend" besitzen wollen und diesen Willen deshalb auch nicht aufgeben kann. Insbesondere kann es auch nicht selbständig an Stelle seines Eigenbesitzes den gemeinen Besitz der Sache treten lassen.

Zu erwähnen ist noch, daß das Kind den Besitz auch auf einen anderen übertragen kann. Wie wir oben sahen, ist zu der Übertragung des Besitzes kein Rechtsgeschäft, keine Einigung erforderlich,

[1]) Siehe Lehrbuch, Bd. II S. 11.

sondern nur, daß der Besitz „von dem bisherigen Besitzer dem Erwerber eingeräumt und von diesem ergriffen wird."[1]) Der Veräußerer des Besitzes muß nur diese Einräumung wollen, die darin besteht, daß er eine Beziehung der Sache, die er zu seiner eigenen Person willentlich hergestellt hatte, nunmehr zu der Person des Erwerbers hergestellt wissen will.[2]) Qualitativ unterscheidet sich dieser Wille nicht von dem beim Erwerbe des Besitzes, auch er ist auf etwas rein Tatsächliches gerichtet. Auch diesen Willen kann also das Kind haben, d. h. es kann den Besitz übertragen, so weit nicht, wie im Falle des § 854 Abs. 2, das Rechtsgeschäft der „Einigung" erforderlich ist.

Die Unfähigkeit des Kindes zur selbständigen Aufgabe des Eigentums einer Sache, zur „Dereliktion" einer Sache, ergibt sich nach den bisherigen Ausführungen unmittelbar aus der Bestimmung des § 959 BGB.:

> „Eine bewegliche[3]) Sache wird herrenlos, wenn der Eigentümer in der Absicht, auf das Eigentum zu verzichten, den Besitz der Sache aufgibt."

Den Besitz der Sache kann das Kind zwar aufgeben, nicht aber kann es dies tun in der Absicht, auf das Eigentum zu verzichten: der beabsichtigte Verlust des Eigentums ist ein rechtlicher Erfolg und einen solchen kann der Wille des Kindes nicht umfassen.

Angesichts dieser unbezweifelbaren Feststellung bedarf es für unsere Betrachtung keiner weiteren Erörterung darüber, ob die Auf-

---

[1]) Mit Recht billigt Manigk, Anwendungsgebiet, S. 201 diese Fassung des § 803 Abs. 1 des ersten Entwurfes, da durch sie klarer wird, „daß es sich bei der Besitzübertragung um etwas rein Faktisches handelt, ganz ebenso wie bei der einseitigen Apprehension."

[2]) Dieser Wille ähnelt inhaltlich dem des Geschäftsführers bei der Geschäftsführung ohne Auftrag. Vgl. unten § 7. — Daß auch das Kind zu solchem Willen fähig ist, zeigt ein Vergleich mit der oben — § 2 S. 13 — erwähnten Stellung des Kindes zum Schenkungsbegriff: das Kind kann eine Sache an einen anderen weggeben wollen, und wenn der andere die tatsächliche Gewalt über die Sache erlangt, so ist die Besitzübertragung vollzogen; eine Schenkung kann aber dadurch nicht perfiziert werden, weil das Kind nicht fähig ist, jenes „Weggeben" als unentgeltliche Zuwendung zu qualifizieren.

[3]) Auch die formalisierte Handlung der Aufgabe des Grundstückseigentums (§ 928 BGB.) ist dem Kinde natürlich nicht möglich.

gabe des Eigentums als Rechtsgeschäft oder als rechtsgeschäftliche Rechtshandlung zu betrachten, die Unfähigkeit des Kindes zur Dereliktion also aus § 105 Abs. 1 BGB. unmittelbar oder nur durch Analogie zu entnehmen ist. Die Anschauung von der Rechtsgeschäftsqualität der Aufgabe des Eigentums dürfte aber den Vorzug verdienen, denn das „Aufgeben des Besitzes in der Absicht, auf das Eigentum zu verzichten, ist eine Privatwillenserklärung, gerichtet auf die Hervorbringung eines rechtlichen Erfolges, welcher nach der Rechtsordnung deswegen eintritt, weil er gewollt ist, also ein Rechtsgeschäft."[1]) Die Motive[2]) meinen zwar, es sei im Entwurfe nicht entschieden, ob die Dereliktion ein Rechtsgeschäft sei, bemerken aber dem widersprechend selbst, daß auch nach dem Standpunkte des Entwurfes „zu der Dereliktion einer beweglichen Sache eine auf das Aufgeben des Eigentums gerichtete Willenserklärung[3]) des bisherigen Eigentümers gehört, und daß der Dereliktionswille in einer tatsächlichen Lossagung von der Sache sich geäußert haben muß."[4]) Bei den beiden überhaupt möglichen Anschauungen von der rechtlichen Natur der Dereliktion (Rechtsgeschäft oder rechtsgeschäftliche Rechtshandlung) wird jedenfalls für die hier aufgeworfene Frage im Effekt dasselbe erreicht.

§ 7.

3. Sonstige Rechtshandlungen.

I. Zu den Rechtshandlungen, bei denen man im Zweifel sein kann, ob es sich um eine reine oder eine rechtsgeschäftliche Rechtshand-

---

[1]) Siehe Planck, Kommentar, Bd. III S. 222. — Ebenso, allerdings mit nicht sehr klarer Begründung, von Staudinger, Kommentar, Bd. III S. 108: „Die Dereliktion muß als Rechtsgeschäft gelten, da sie eine rechtliche Verfügung über die Sache ist." — Derselben Ansicht Leonhard, Allg. Teil, S. 260; Cosack, Lehrbuch, Bd. II S. 178.

[2]) Siehe Bd. III S. 370 f.

[3]) Dies gerade bestreitet Manigk, Anwendungsgebiet, S. 24 ff., 217 f., nimmt aber gemäß seiner Anschauung von der Natur des Rechtsgeschäftes auch an, daß die Dereliktion ein solches ist. Vgl. oben § 2.

[4]) Der in den Motiven ausgedrückte Zweifel über die Natur der Dereliktion ist ganz besonders unverständlich angesichts der Fassung des § 904 des ersten Entwurfes: „Eine bewegliche Sache, deren Eigentümer die Inhabung, ohne dieselbe einem anderen einzuräumen, mit der Erklärung aufgibt, das Eigentum der Sache aufzugeben, wird herrenlos."

lung handelt, gehört die **Begründung und die Aufhebung des Wohnsitzes**.[1]) Bezüglich der Stellung des Jugendlichen zu dieser Art von Rechtshandlungen hat das Gesetz ausdrücklich Bestimmung getroffen durch die Vorschrift des § 8:

„Wer geschäftsunfähig oder in der Geschäftsfähigkeit beschränkt ist, kann ohne den Willen seines gesetzlichen Vertreters einen Wohnsitz weder begründen noch aufheben."

Für unsere Erörterungen ist hierdurch zunächst zweifelsfrei festgestellt, daß das Kind selbständig weder einen Wohnsitz begründen, noch ihn aufheben kann.[2])

Der innere Grund der rein äußerlich betrachtet durchaus zweckmäßig erscheinenden Vorschrift des § 8 BGB. ergibt sich unmittelbar aus der Natur der die Begründung und Aufhebung des Wohnsitzes vermittelnden Rechtshandlung. Der § 7 BGB., aus welchem der Begriff des Wohnsitzes zu entnehmen ist, bestimmt:

Abs. 1: „Wer sich an einem Orte ständig niederläßt, begründet an diesem Orte seinen Wohnsitz."

Abs. 3: „Der Wohnsitz wird aufgehoben, wenn die Niederlassung mit dem Willen aufgehoben wird, sie aufzugeben."

Wie **Planck**[3]) zutreffend ausführt, enthält die Fassung des Absatz 1 ein objektives und ein subjektives **Moment**:[4]) „es muß eine ständige Niederlassung stattfinden, und es muß diese ständige Niederlassung

---

[1]) Über den Begriff des Wohnsitzes vgl. namentlich die Ausführungen bei **Endemann**, Lehrbuch, Bd. I S. 158 f., insonderheit Anmerk. 1. **Endemann** selbst definiert: „**Wohnsitz** im Rechtssinne ist der Ort, der den Vereinigungspunkt des häuslichen Lebens und der gesamten bürgerlichen Beziehungen einer Person bildet."

[2]) Zunächst wird ein Wohnsitz für das Kind meist nach § 11 BGB. begründet werden.

[3]) Siehe Kommentar, Bd. I S. 60.

[4]) Diesen Gedanken brachte der erste Entwurf, von dessen Standpunkt das Gesetz im Prinzip nicht abgewichen ist (vgl. **Protokolle**, Bd. I S. 38), schärfer zum Ausdruck in der Vorschrift des § 34 Abs. 1: „Wer an einem Orte den Aufenthalt in der Absicht nimmt, dort ständig zu bleiben, begründet an diesem Orte den Wohnsitz." Auch aus sprachlichen Rücksichten wäre diese Fassung der des Gesetzes vielleicht vorzuziehen gewesen; man kann sich zwar „ständig" irgendwo **aufhalten**, aber man kann sich nicht „ständig" **niederlassen**: mit der einmaligen Handlung des „Sichniederlassens" ist der Wohnsitz begründet, wenn der Betreffende sich niederließ in der Absicht, **ständig dort zu bleiben**.

gewollt sein." Es fragt sich nun, ob das Kind eine „ständige Niederlassung" wollen kann, und von der Entscheidung dieser Frage hängt es ab, ob man die Begründung — und ebenso die Aufhebung — des Wohnsitzes als reine oder als rechtsgeschäftliche Rechtshandlung zu betrachten hat. Daß das Kind sich tatsächlich irgendwo „niederlassen", d. h. seinen Aufenthalt nehmen, und diese „Niederlassung" wollen kann, dürfte wohl nicht zu bezweifeln sein, aber sehr zweifelhaft erscheint es, ob das Kind die Niederlassung als „ständige" im Sinne des § 7 BGB. wollen kann. „Ob die bezeichnete Absicht, der Domizilswille, vorliegt", sagen die Motive,[1] „haben die Umstände zu ergeben. Sie müssen den Schluß rechtfertigen, daß der gewählte Aufenthaltsort auf die Dauer den Mittelpunkt der Verhältnisse und der Tätigkeit der Person bildet." Diese Eigenschaft des Orts als des Mittelpunkts der Verhältnisse und der Tätigkeit der Person muß gewollt sein. Der Domizilwille muß also von vornherein nicht nur auf die Begründung der sinnenfälligen Beziehung der Person zu dem gewählten Orte, sondern außerdem auf eine besondere Qualifizierung dieser Beziehung gerichtet sein. Die „ständige Niederlassung" ist nicht etwas rein Tatsächliches, sondern ein rechtlicher Begriff, zum Mindesten ein Begriff der Verkehrsanschauung, von dem das Kind keine Vorstellung hat. Wie wir oben sahen, bildete das Urteil der Verkehrsanschauung auch bei dem Erwerb und Verlust des Besitzes ein wesentliches Moment insofern, als die Verkehrsanschauung darüber zu befinden hat, ob die Beziehung der Person zur Sache als Herrschaft über die Sache zu betrachten und deshalb die zum Besitz erforderliche tatsächliche Gewalt der Person über die Sache gegeben ist. Während aber bei der Herstellung einer solchen Beziehung zwischen Person und Sache nur die tatsächliche Herstellung dieser Beziehung von dem Willen des Beteiligten umfaßt zu werden braucht, so daß das Urteil der Verkehrsanschauung rein objektiv die schon vollzogene Handlung betraf, muß hier bei der Begründung und Aufhebung des Wohnsitzes die Herstellung der Beziehung zwischen Person und Ort gewollt sein in dem Sinne der Verkehrsanschauung, welche nur die in dieser oder jener gewissen Weise gestaltete Beziehung als „ständige Niederlassung" im Sinne des § 7 BGB. betrachtet. Das Kind nun kann zwar irgendwo „sein" wollen, es kann sich irgendwo „aufhalten"

---

[1]) Vgl. Bd. I S. 69.

wollen, aber es vermag diese seine Beziehung zu einem bestimmten Orte nicht in der gedachten Weise zu qualifizieren und es kann deshalb auch nicht wollen, daß seine Beziehung so qualifiziert werde. Ich würde hiernach die Unfähigkeit des Kindes zur Begründung und Aufhebung des Wohnsitzes aus seiner Unfähigkeit zum Wollen mit rechtlichem Inhalte herleiten,[1]) die Begründung und Aufhebung des Wohnsitzes dementsprechend als rechtsgeschäftliche Rechtshandlung betrachten.

In den Materialien zum Gesetzbuche sucht man vergeblich nach einer präzisen Auslassung über diese Frage. Die Motive[2]) führen in ihrer etwas unklaren Weise aus: „Wahl und Aufgabe bezw. Änderung des Wohnsitzes sind rechtlich bedeutsame, aber nicht rechtsgeschäftliche Akte. Hinsichtlich ihrer Vornahme steht somit nicht die Geschäftsfähigkeit, sondern die Fähigkeit zu anderweitem Handeln mit rechtlicher Wirkung in Frage. Für die letztere Fähigkeit sind allgemeine Grundsätze in dem Entwurfe nicht aufgestellt. Es macht sich daher erforderlich, besonders auszusprechen, daß bei willensunfähigen und beschränkt willensfähigen Personen der gesetzliche Vertreter in Ansehung dieser Akte den mangelnden Willen ersetzen und den beschränkt wirksamen Willen ergänzen kann und muß." Diese Ausführungen deuten allerdings darauf hin, daß auch die Motive der Begründung und Aufhebung des Wohnsitzes den Charakter rechtsgeschäftlicher Rechtshandlungen in unserem Sinne zuerkennen wollten, denn nur bei diesen ist die Willensunfähigkeit im rechtlichen Sinne von Bedeutung.[3])

Die Bestimmung des § 8 BGB. würde hiernach überflüssig erscheinen insofern, als dasselbe Resultat auf dem Wege analoger An-

[1]) Die Unfähigkeit des beschränkt Geschäftsfähigen zur Begründung und Aufhebung des Wohnsitzes kann man hieraus allein nicht erklären, vielmehr sprechen hier vorwiegend Rücksichten der Zweckmäßigkeit mit.

[2]) Siehe Bd. I S. 72.

[3]) Dasselbe scheint Leonhard, Allg. Teil, S. 82 aus den Motiven entnehmen zu wollen. — Ebenso offenbar Matthiaß, Lehrbuch, Bd. I S. 89: „Wohnsitzbegründung ist . . . wegen der rechtlichen Bedeutung des Wohnsitzes ein Willensakt von rechtlicher Bedeutung, der die Handlungsfähigkeit analog wie bei Geschäften voraussetzt, aber nicht rechtsgeschäftliche Bedeutung hat, da der Wille des Handelnden die Rechtswirkungen des Wohnsitzes nicht notwendig mit umfassen muß." — Vgl. auch Endemann, Lehrbuch, Bd. I S. 159: „Zur Begründung des Wohnsitzes wird als tatsächliche Grundlage die ständige Niederlassung an einem bestimmten Orte gefordert. Hinzukommen muß außerdem der rechtswirksame Wille, hier den Wohnsitz zu begründen, der sog. Domizilwille."

wendung der Bestimmungen über die Rechtsgeschäfte hätte erzielt werden können, doch erscheint die Fixierung der gedachten Vorschrift zweckmäßig mit Rücksicht darauf, daß die gegebene Qualifizierung der Begründung und Aufhebung des Wohnsitzes vielleicht nicht ganz unanfechtbar erscheinen könnte.[1])

Daß auch die Bestimmung des § 8 BGB. dem Schutze des Jugendlichen dient, erkennt man leicht, wenn man sich die Bedeutung des Wohnsitzes im geltenden Recht vergegenwärtigt. In zahllosen Beziehungen des bürgerlichen und des öffentlichen Rechts, der streitigen und der freiwilligen Gerichtsbarkeit wird die Rechtsstellung des Individuums durch seinen Wohnsitz beeinflußt und besonders gestaltet,[2]) und da das Kind nicht ermessen kann, ob diese oder jene Wahl seinem Besten dienen wird, muß ihm die selbständige Bestimmung seines Wohnsitzes untersagt werden.

II. In ähnlicher Weise, wie bei der Begründung und Aufhebung des Wohnsitzes, hat das Bürgerliche Gesetzbuch bezüglich der Geschäftsführung ohne Auftrag besondere Bestimmungen über die Stellung des Jugendlichen getroffen in der Vorschrift des § 682. Auch hier beseitigt das Gesetzbuch in dankenswerter Weise gewichtige Zweifel, die eine verschiedene Charakterisierung der Geschäftsführung ohne Auftrag für die hier in Rede stehenden Rechtsbeziehungen des Kindes begründen könnte.

Der § 677 BGB. bestimmt:

„Wer ein Geschäft für einen anderen besorgt, ohne von ihm beauftragt oder ihm gegenüber sonst dazu berechtigt zu sein, hat das Geschäft so zu führen, wie das Interesse des Geschäftsherrn mit Rücksicht auf dessen wirklichen oder mutmaßlichen Willen es erfordert."

Die rechtliche Natur dieser Geschäftsführung ist streitig. So führt z. B. Planck[3]) aus: „Die Geschäftsführung ohne Auftrag ist

[1]) Als reine Rechtshandlung in unserem Sinne betrachtet die Wohnsitzbegründung z. B. Manigk, der sie mit der Spezifikation, dem Besitzerwerb u. s. w. auf eine Stufe stellt. Mit Rücksicht darauf muß er in der Bestimmung des § 8 BGB. eine Durchbrechung des Prinzips konstatieren, die er auf „die besondere Art der Wohnsitzbegründung" zurückführt, ohne dies näher zu erläutern. Siehe: Anwendungsgebiet, S. 30 Anmerk. 1 und S. 208.

[2]) Vgl. Matthiaß, Lehrbuch, Bd. I S. 90.

[3]) Siehe Kommentar, Bd. II S. 425.

kein Rechtsgeschäft,[1]) sie ist vielmehr zu charakterisieren als eine Rechtshandlung, mit welcher die Rechtsordnung rechtliche Folgen ohne Rücksicht auf den Willen des Handelnden verknüpft. Die für Rechtsgeschäfte gegebenen Vorschriften gelten also nicht für die Geschäftsführung ohne Auftrag. Es kann sich nur fragen, ob die eine oder die andere Bestimmung entsprechend anzuwenden ist." Und weiter bemerkt Planck:[2]) „Die Ansprüche aus der Geschäftsführung ohne Auftrag entstehen unmittelbar kraft Gesetzes. Die Konsequenz dieser Auffassung würde sein, daß ein Geschäftsunfähiger, welcher fremde Angelegenheiten besorgt, ebenso haften müßte wie ein Geschäftsfähiger." Namentlich diese letzteren Ausführungen deuten darauf hin, daß Planck die Geschäftsführung ohne Auftrag als reine Rechtshandlung in unserem Sinne betrachtet wissen will,[3]) und diese Anschauung scheint mir auch das Richtige zu treffen.

Die Voraussetzungen der Geschäftsführung ohne Auftrag sind, daß jemand ein Geschäft für einen anderen besorgt, ohne von diesem beauftragt oder ihm gegenüber sonst dazu berechtigt zu sein. Zunächst ist zu betonen, daß der Begriff des „Geschäfts" in diesem Sinne, wie beim Auftrag, unbestritten nicht etwa nur Rechtsgeschäfte, sondern auch die Vornahme rein tatsächlicher Handlungen umfaßt,[4]) und das ist für unsere Betrachtung insofern wichtig, als hier angesichts

---

[1]) Ebenso Isay, Geschäftsführung, S. 105; Kniep, Besitz, S. 154. — Dagegen: Endemann, Lehrbuch, welcher die Geschäftsführung ohne Auftrag als Rechtsgeschäft betrachtet; vgl. die späteren Ausführungen.

[2]) Vgl. a. a. O. S. 431.

[3]) Ebenso Manigk, Anwendungsgebiet, S. 217; Cosack, Lehrbuch, Bd. I S. 551. — Auf einem anderen Standpunkt stand der erste Entwurf. Vgl. Motive, Bd. II S. 860: „Die Vorschrift des § 752 beruht auf der Auffassung, daß die negotiorum gestio, mag ihr auch die Eigenschaft eines Rechtsgeschäftes im engeren oder eigentlichen Sinne abzusprechen sein, doch zu den sog. Rechtshandlungen im weiteren Sinne oder zu den unmittelbar eine Rechtsänderung nach sich ziehenden vorsätzlichen Handlungen, welche keine Delikte sind, gehört. Auf diese Rechtshandlungen finden nach dem Standpunkte des Entwurfes prinzipiell, anlangend ihre verbindliche Kraft für den Handelnden in Rücksicht auf Handlungsfähigkeit, die für die Rechtsgeschäfte im engeren Sinne maßgebenden Regeln Anwendung."

[4]) Vgl. Motive, Bd. II S. 855: „Bei dem Ausdrucke ‚ein Geschäft besorgen' ist schon nach dem allgemeinen Sprachgebrauche das Mißverständnis ausgeschlossen, als ob darunter nur Rechtshandlungen oder Rechtsgeschäfte, nicht auch tatsächliche Dienstleistungen zu verstehen wären."

der völligen Geschäftsunfähigkeit des Kindes überhaupt nur diese letztere Gruppe von Willensbetätigungen in Betracht kommt. Daß das Kind ein solches „Geschäft“ besorgen kann, liegt klar auf der Hand; fraglich ist nur, ob es dieses Geschäft für einen anderen im Sinne des § 677 BGB. besorgen kann.

Der Geschäftsführer muß bei der Geschäftsführung den Willen haben, das Geschäft für einen anderen zu besorgen.[1]) Dieser Wille braucht aber nicht auf die rechtliche Qualifizierung der Handlung als einer „Geschäftsführung ohne Auftrag“ gerichtet zu sein, was schon aus der Tatsache erhellt, daß das Handeln des Geschäftsführers auch dann als Geschäftsführung ohne Auftrag zu betrachten ist, wenn jener irrtümlich annahm, er sei auf Grund eines Auftrags oder sonstigen Rechtsgeschäfts zur Vornahme der Handlung berechtigt oder verpflichtet.[2]) Der Wille des Geschäftsführers braucht also die rechtliche Qualifizierung seiner Beziehung zu dem andern nicht zu umfassen, so daß auch die Vorstellung von der Art der Beziehung des anderen zu dem besorgten Geschäfte irrelevant erscheint derart, daß dem Geschäftsführer die Person des Geschäftsherrn überhaupt unbekannt sein kann, ohne daß eine andere Beurteilung der Geschäftsbesorgung einzutreten hätte.[3]) Wenn z. B. der Geschäftsführer eine nicht ihm gehörige Sache durch seinen Eingriff vor einer drohenden Beschädigung bewahrt, so ist seine Vorstellung von der Person des Geschäftsherrn gänzlich gleichgültig: ob er den A. oder den B. für den Geschäftsherrn hält, ob dieser Geschäftsherr in seiner Vorstellung als Eigentümer, als gutgläubiger Besitzer u. s. w. existiert, ist alles nicht von Bedeutung; es genügt vielmehr die Überzeugung, daß die durch sein Eingreifen geschützte Sache nicht ihm, sondern einem anderen gehört, daß ein anderer zu ihr in Beziehung steht und deshalb sein, des Geschäftsführers, Handeln einem anderen dient. Es muß das Geschäft gewollt sein und das Geschäft „muß als fremdes gewollt sein.“[4]) Der Wille des Geschäftsführers enthält hiernach kein

---

[1]) Vgl. Matthiaß, Lehrbuch, Bd. I S. 608: „Es wird verlangt, daß der Geschäftsführer seinen Willen kundgegeben hat, das Interesse des anderen vertreten zu wollen. Es genügt nicht die an sich schwer feststellbare objektive Fremdheit des Geschäftes.“

[2]) Vgl. Motive, Bd. II S. 866.

[3]) Vgl. Planck, Kommentar, Bd. II S. 427; Matthiaß a. a. O.

[4]) Vgl. Enneccerus-Lehmann, Lehrbuch, Bd. I S. 637.

rechtliches Moment;[1]) der Wille, für einen anderen zu handeln, ist an sich auf etwas rein Tatsächliches gerichtet. Bei der oben besprochenen Lehre vom Besitzerwerb handelte es sich um den Willen des Erwerbers, die Sache in eine rein tatsächliche Beziehung zu seiner eigenen Person zu setzen, und hier tritt, wie wir es ähnlich schon bei der Frage der Besitzübertragung seitens eines Kindes gesehen haben,[2]) bezüglich der herzustellenden Beziehung einfach eine andere Person an die Stelle des Handelnden. Wenn also das Kind, wie wir dort sahen, überhaupt fähig ist, die Herstellung einer Beziehung zu einer bestimmten Person zu wollen, so muß es diese Beziehung auch zu einer von ihm selbst verschiedenen Person wollen können, d. h. es muß fähig sein, wie für sich, auch rein tatsächlich für einen anderen zu handeln. Wenn wir auf das bei der Frage des Besitzerwerbes des Kindes verwendete Beispiel zurückgreifen, so finden wir folgendes: wenn der sechsjährige Knabe, dem der im Baume hängende Ball zugeworfen war, diesen Ball herabholt, so handelt er für sich; steigt dagegen ein anderer sechsjähriger Knabe auf den Baum und wirft den Ball herab,[3]) so handelt dieser für den anderen, er besorgt ein Ge-

---

[1]) Danach erscheint die „Geschäftsführung ohne Auftrag" als reine Rechtshandlung in unserem Sinne. Dagegen scheint sie Isay, Geschäftsführung, § 5, als rechtsgeschäftliche Rechtshandlung zu betrachten, und zwar namentlich unter Berufung auf § 682 BGB. Isays Ausführungen lassen aber eine scharfe Scheidung zwischen den verschiedenen Kategorieen der Rechtshandlungen vermissen. — Noch weiter geht Endemann, Lehrbuch, Bd. I S. 805, der die „Geschäftsführung ohne Auftrag" als Rechtsgeschäft betrachtet, weil das Wollen der Rechtsfolgen durch die §§ 677 und 685 deutlich erfordert werde. Demgegenüber ist zu bemerken, daß einerseits, wie oben dargetan, in § 677 von einem Wollen rechtlicher Folgen nicht die Rede ist; aber auch § 685 stellt, wie Planck, Kommentar, Bd. II S. 433, durchaus zutreffend ausführt, „die Absicht, den Geschäftsherrn zu verpflichten, nicht als Voraussetzung für den Anspruch des Geschäftsführers auf Ersatz von Aufwendungen hin. Dem Geschäftsherrn liegt danach der Beweis ob, daß diese Absicht nicht bestanden hat. Daß die Absicht, auf Ersatz zu verzichten, ausdrücklich erklärt ist, wird nicht erfordert; es genügt vielmehr, wenn sie sich mit hinreichender Deutlichkeit aus den Umständen ergibt. Die Ortssitte und die sozialen Verhältnisse der Beteiligten werden hier vielfach bei der Entscheidung zu berücksichtigen sein." Gerade diese letzteren Gesichtspunkte werden in Betracht kommen, wenn ein Kind als Geschäftsführer auftritt.

[2]) Vgl. oben § 6 S. 112f.

[3]) § 756 des ersten Entwurfes bestimmte, was für den konstruierten Fall wesentlich ist, ausdrücklich: „Auf den dem Geschäftsführer nach dem § 753 zustehenden Anspruch ist die Geschäftsunfähigkeit oder die Beschränkung der Geschäftsfähigkeit

schäft für den anderen und ist deshalb Geschäftsführer ohne Auftrag.[1] [2])

Wenn man hiernach die Fähigkeit des Kindes zur Geschäftsführung ohne Auftrag und damit die Möglichkeit, daß dem Kinde aus der Geschäftsführung ein Ersatzanspruch erwächst, anerkennen muß, so würde an sich auch aus der Geschäftsführung des Kindes dessen volle Haftung nach Maßgabe der §§ 677ff. BGB. erwachsen. Diese Folge hat das BGB. im Interesse des Kindes nicht zulassen wollen und deshalb zu seinem Schutze in § 682 bestimmt:

„Ist der Geschäftsführer geschäftsunfähig oder in der Geschäftsfähigkeit beschränkt, so ist er nur nach den Vorschriften über den Schadensersatz wegen unerlaubter Handlungen und über die Herausgabe einer ungerechtfertigten Bereicherung verantwortlich."

Diese Bestimmung besagt also einerseits, daß der geschäftsunfähige Geschäftsführer eine etwa erlangte Bereicherung nach Maßgabe der Vorschriften der §§ 812ff. BGB. herauszugeben hat, sowie daß er, falls ihm eine Verpflichtung aus der Geschäftsführung nach den Vorschriften über diese überhaupt erwächst, nur nach den Bestimmungen über den Schadensersatz wegen unerlaubter Handlungen haftet. Es muß also in dem Gebaren des Kindes bei der Geschäftsführung der Tatbestand einer unerlaubten Handlung gegeben sein. Die wichtigste Bestimmung, welche hier in Betracht kommt, ist die oben ausführlich besprochene[3]) Vorschrift des § 829 BGB., welche eine billige Ab-

---

des Geschäftsherrn ohne Einfluß." Diese Vorschrift wurde von der Kommission für die zweite Lesung gestrichen mit der Begründung: „Die Vorschrift wende sich gegen eine mit der Auffassung der Geschäftsführung als eines Quasikontrakts zusammenhängende, der inneren Begründung entbehrende Bestimmung des röm. Rechtes. Der Entw. kenne keine Quasikontrakte, die als Rechtsgeschäfte anzusehen wären. Das Mißverständnis, welches durch den § 756 abgewendet werden solle, sei daher ausgeschlossen. Niemand werde darüber im Zweifel sein, daß der Geschäftsherr nicht durch die Tatsache, daß sein Geschäft von einem anderen besorgt werde, diesem gegenüber eine Willenserklärung abgebe, ein einseitiges Rechtsgeschäft vornehme oder mit ihm einen Vertrag abschließe." Siehe Protokolle, Bd. II S. 739.

[1]) Dagegen, aber ohne Begründung, Matthiaß, Lehrbuch, Bd. I S. 611.

[2]) Diese Feststellung ist besonders wichtig angesichts der Tatsache, daß das Kind seine Berechtigung zur Geschäftsführung nicht aus einem Auftrag oder sonstigen Rechtsgeschäft herleiten kann.

[3]) Siehe § 5.

wägung der widerstreitenden Interessen des als Geschäftsführer auftretenden Kindes und seines Geschäftsherrn ermöglicht.

Das Gesetz ist also hier in derselben Weise vorgegangen, wie bei dem Schutze des Jugendlichen gegen die Folgen von ihm begangener unerlaubter Handlungen. In beiden Fällen ist insbesondere dem Kinde nicht die Fähigkeit zur Vornahme der in Rede stehenden Handlung abgesprochen, weil ein solches Verfahren den Grundsätzen des Systems direkt widersprechen würde, sondern es ist eine Herabsetzung der durch die allgemeinen Vorschriften an sich für den Handelnden begründeten Verpflichtungen möglich gemacht. Hervorzuheben ist hiernach, daß ganz ebenso, wie die Haftung des Kindes nach § 829 BGB. aus der von ihm begangenen unerlaubten Handlung erwächst, auch seine Haftung nach § 682 BGB. als die unmittelbare Folge der von dem Kinde ohne Auftrag übernommenen Geschäftsführung auftritt,[1]) und nicht etwa als eine aus bloßen Billigkeitsrücksichten festgesetzte Sonderhaftung ohne erkennbare andere causa, als eben jene Billigkeit, erscheint. Wäre das letztere der Fall, so wäre die Bestimmung des § 682 keine Schutzvorschrift; sie ist aber eine solche und bringt den Schutzgedanken in einer quantitativen Minderung der Haftung des Kindes gegenüber derjenigen anderer Personen zum Ausdruck. Daß aber andererseits dem Kinde der Ersatzanspruch gegen den Geschäftsherrn unverkürzt erhalten wird, erscheint im Sinne jenes Schutzgedankens nur selbstverständlich.

Die Vorschriften über die Haftung des Kindes aus der Geschäftsführung ohne Auftrag finden entsprechende Anwendung auf die Haftung des Kindes beim Fund in seiner Eigenschaft als Finder, „da die Vorschriften über die Geschäftsführung ohne Auftrag auf das durch den Fund begründete Schuldverhältnis überhaupt ergänzend anzuwenden sind."[2]) Das Kind kann, wie oben bereits ausführlich dargelegt wurde, Besitz selbständig erwerben und deshalb als „Finder" einer verlorenen Sache im Sinne des § 965 BGB. erscheinen.[3]) Auch dem Eigentumserwerbe des Kindes aus dem Funde steht nichts im Wege und nur

[1]) Anderer Ansicht Cosack, Lehrbuch, Bd. I S. 551.

[2]) Vgl. Planck, Kommentar, Bd. III S. 231. — Ebenso Kniep, Besitz, S. 152: „Das Finden ist nichts anderes als ein besonderer Fall der Geschäftsführung. Der Finder beabsichtigt, die Sache an den Verlierer zurückzugeben."

[3]) Vgl. von Staudinger, Kommentar, Bd. III S. 112; Kniep, Besitz, S. 96.

die gegenüber dem Verlierer der Sache ihm obliegenden Verpflichtungen werden in seinem, des Kindes, Interesse gemildert.[1])

[1]) Vgl. Dernburg, Bürgerliches Recht, Bd. III S. 334 Anmerk. 9: Der Geschäftsunfähige kann „die Rechte eines Finders entsprechend §§ 971 ff. geltend machen, wenn er nur tatsächlich die Dienste eines Finders leistete. Die Verpflichtungen eines Finders liegen ihm nicht ob." — Anderer Ansicht Endemann, Lehrbuch, Bd. II S. 343 Anmerk. 3: „Die selbständige Handlung eines Geschäftsunfähigen hat keine rechtliche Bedeutung; aus ihr können weder die Rechte noch die Verpflichtungen entstehen, deren die §§ 965 f. gedenken. Folglich ist es wertlos, ein Kind als „Finder" aufzufassen; daher beginnt z. B. die Anzeigepflicht nach § 965 I erst, wenn sein gesetzlicher Vertreter bei dem Kinde oder durch dies die verlorene Sache seinerseits gefunden hat. — Die Analogie von § 682 kann verwertet werden."

Herrosé & Ziemsen, Wittenberg.

FSC
www.fsc.org
MIX
Papier | Fördert
gute Waldnutzung
FSC® C083411

Kolibri 360 GmbH
Ferdinand-Jühlke-Straße 7
99095 Erfurt, Deutschland
produktsicherheit@kolibri360.de